RUE DE LA MISÉRICORDE

Adolfo CAMINHA

RUE DE LA MISÉRICORDE

Traduit du brésilien par
Maryronne Lapouge Pettorelli

SUITES

Éditions Métailié
5, rue de Savoie, 75006 Paris
www.editions-metailie.com
2007

Publié avec le concours de
M. Tasso Jereissati, gouverneur de l'État du Ceará,
et de M. Gérard Boris, consul de France à Fortaleza

Titre original : *Bom-Crioulo*, Rio de Janeiro, 1895

ISBN : 978-2-86424-610-7
ISSN : 1281-5667

Adolfo CAMINHA *est né en 1867 dans le Nordeste et a grandi à Fortaleza. Il participe à un mouvement avant-gardiste intitulé « Padaria espiritual » (Boulangerie spirituelle) qui s'inspire du positivisme et du naturalisme. Jeune officier de la Marine, il doit démissionner à cause d'une liaison. Ses différents livres font scandale et il se voit contraint de quitter Rio de Janeiro pour revenir à Fortaleza, où il meurt de tuberculose en 1897.*

I

La glorieuse et vieille corvette était loin désormais – et que c'était dommage ! – d'évoquer le fier bâtiment de jadis, allègre et pittoresque, vraie galère de légende chevauchant légère et blanche, sereine, en haute mer, la croupe des vagues...

Elle était différente, si différente, avec sa coque noircie, ses voiles moisies, sans plus rien du bel aspect guerrier qui faisait, aux temps bénis de son commerce avec les océans, l'enthousiasme de tous. En la découvrant au loin sur l'immensité bleue, on aurait dit à présent le spectre fantastique de quelque bâtiment pirate. La vieille carcasse flottante était toute changée, sans plus trace de la blancheur limpide et triomphale des voiles, sans plus rien de la peinture originelle de la carène.

Elle s'en venait cependant – esquif de mauvais augure – sur les eaux brésiliennes, elle s'en venait, quasiment lugubre et l'allure paresseuse, semblable non plus maintenant à quelque échassier énorme, immaculé, cinglant la plaine liquide, mais, lourde, lente, pareille à une chauve-souris géante et apocalyptique, les ailes largement déployées sur la mer...

Elle était entrée depuis peu dans la zone des accalmies : la voilure commençait à battre mollement, s'enflant à chaque soubresaut, pour retomber ensuite avec un claquement sourd, égal, dans le même abandon somnolent ; le voyage devenait monotone ; l'immense surface de l'océan s'étalait lisse et immobile sous l'irradiation solaire de l'hémisphère sud, et c'est à peine, tant la corvette glissait légère, légère, si l'on percevait sa course.

Pas le moindre frémissement de voile sur la ligne bleue de l'horizon, aucun indice de présence humaine hors de ce pont étroit : de l'eau, de l'eau et rien d'autre alentour, à croire le monde disparu dans quelque effroyable déluge... avec au-dessus, là-haut, le silence infini des sphères voilées par la pluie d'or du jour.

Un paysage triste et nostalgique, où les couleurs s'évanouissaient à force de lumière et où la voix humaine se perdait dans l'immensité désolée.

Des matelots bavardaient à la proue, les uns assis sur le château, les autres debout, s'affairant tranquillement, la manœuvre finie, à rassembler des cordages ou à étendre leur linge au soleil. Le plat des mâts, la culasse des pièces d'artillerie, les panneaux des écoutilles, tout ce qui est métal jaune ou acier miroitait fortement, aveuglant le regard.

De temps à autre éclatait un grand remue-ménage ; la mâture geignait comme sur le point de se désarticuler ; une voile claquait avec violence contre les vergues, des filins se heurtaient avec un petit bruit sec et on entendait le clapotement de l'eau contre le ventre du vieux navire.

– Tiens bon ! encourageait une voix.

Et la léthargie, le calme plat revenaient, la bonace, l'ennui, à l'infini...

Déjà les premiers symptômes de langueur se reflétaient sur le visage des hommes, ils s'étiraient, bâillaient, atteints de somnolence, et la terre ferme avec ses collines, avec les gestes tendres des êtres chers était encore si loin !

Les vivres s'épuisaient et le régime de viande séchée et de

conserves menaçait plus sûrement de jour en jour, inquiétant l'équipage.

Onze heures avaient sonné à la cloche de la proue.

L'enseigne de première classe qui était de quart sur la passerelle, vérifia l'heure à sa montre de gousset, un beau chronomètre en or acheté à Toulon ; il tortilla sa moustache, jeta un œil sur le gréement du bateau et, s'adressant, la voix claire, un peu métallique, au gradé qui se reposait à côté du grand mât, appela :

– Trompette !

C'était un officier plein de distinction, jeune, le teint brun, le regard vif et intelligent, grand mathématicien et grand joueur de whist, auteur par ailleurs d'un *Traité élémentaire de navigation pratique.*

Il jonglait comme personne à bord avec les logarythmes. Il calculait de tête, les yeux fermés, et les sinus et cosinus accouraient se ranger à la pointe de son crayon de façon surprenante. Il était, invariablement, le premier qui mesurait l'heure méridienne. Il s'était fait remarquer à la sortie de l'école pour son amour invétéré des mathématiques et son goût pour la vie en mer. Il restait à bord les jours de congé, en tant qu'enseigne de vaisseau, uniquement, disait-il, « pour ne pas perdre l'habitude ». Ennemi du « plancher des vaches », il préférait le farniente dans sa cabine, entre ses livres, ses cartes de marine, à l'agitation absorbante et stérilisante des cafés, des théâtres ou autres lieux publics.

– Trompette ! répéta-t-il, tandis que les traits de son visage s'assombrissaient, crispés.

L'ordre fut transmis de bouche en bouche jusqu'à ce que surgisse en courant la curieuse silhouette d'un immense marin, un Noir, le globe de l'œil très blanc, les lèvres très épaisses, ouvertes sur un demi sourire vaguement idiot, et la physionomie marquée de traits évidents de servilité et de stupidité.

– A vos ordres ! dit l'homme en portant la main à son bonnet d'un geste martial.

– Sonne le rassemblement !

Dès les premières notes de la trompette, limpides et sans écho dans le silence de l'océan, une étrange agitation courut d'une extrémité à l'autre de la corvette. – Les marins qui se reposaient à la proue se regardaient maintenant, un œil par-dessus leur épaule, d'un air interrogateur. Sur le pont supérieur comme sur le faux-pont et l'entrepont, le mouvement s'accéléra tandis que l'appel s'éteignait et que la voix des maîtres d'équipage se détachait au-dessus de la bousculade – Sur le pont, sur le pont ! – Maniez-vous ! –, mêlée à un bruit de fers arrivant de la cale.

Le « maître d'armes », un mulâtre pédant et plein de suffisance, les galons étincelants, faisait mettre les marins par rang de taille, avec un soin maniaque d'instructeur de collège, écartant les uns pour placer les autres, houspillant celui-ci parce qu'il arrivait la chemise déboutonnée, celui-là parce que le « ruban » manquait à son béret, menaçant tel ou tel autre qui refusaient de s'aligner, de les envoyer se présenter devant « m'sieur » l'enseigne.

Les officiers commençaient à apparaître dans leur uniforme – avec casquette et épaulettes – en finissant d'ajuster leur épée et s'inspectant de haut en bas, sanglés, par-dessus la vareuse, dans la large ceinture de tissu bleu.

Rapidement, cependant, tous furent prêts, matelots et officiers – ces derniers alignés, deux en avant, de chaque côté, et les autres derrière, près du grand mât, dans l'attitude respectueuse qui se prépare à assister à un événement solennel.

Le silence s'était fait. A peine une voix ici ou là chuchotait-elle encore tout bas, timidement. Et on entendait maintenant plus que jamais, dans le silence de la *revue*, le reflux de l'eau dans le ventre de la corvette qui traçait avec obstination...

– Fixe !

Le commandant enfin apparut en train de boutonner ses gants de chamois, sanglé lui aussi, l'air autoritaire, dans son uniforme flambant neuf, l'épée balançant élégamment sur sa cuisse, les boucles dorées de ses épaulettes tremblotant sur ses épaules : toute sa personne inspirait le respect.

C'était un homme robuste, l'allure et les traits nobles, le regard énergique, le teint très brun, de ce brun soutenu, tirant sur le bronze, dont le soleil colore les gens de mer, la moustache, qu'il portait drue, légèrement grisonnante rebiquait avec une pointe d'arrogance conventionnelle.

Silence absolu dans les rangs de l'équipage. Chaque regard brillait d'un particulier éclat de curiosité indiscrète. Un frémissement de lâcheté instinctive, comme un courant électrique, passait par instants sur le visage de tous ces hommes rassemblés là, devant un seul, dont la parole n'évoquait jamais que l'aspect le plus rigoureux de la discipline. Un frémissement, donc, de profond respect, touchant aux racines de cette servilité animale qui fait s'accroupir pour recevoir le châtiment quel qu'il soit, mérité ou non.

– Les prisonniers... articula sans sourciller le commandant, en tirant sur la manche de son uniforme.

Tous les regards se tournèrent, pleins de curiosité, vers le major, tandis que celui-ci, obtempérant aux ordres, se précipitait, taciturne et muet, pour descendre par l'écoutille menant au pont inférieur.

Le jeune enseigne continuait de faire les cent pas sur la passerelle, comme si tout sur ce petit univers flottant, dont il était pour l'heure une sorte de roi provisoire, se passait le plus merveilleusement du monde. On entendait son pas égal et mesuré, semblable à celui d'une sentinelle dans la nuit.

L'intense lumière solaire ruisselait du firmament, parsemant d'éclats de mica le cristal sans limite de l'océan étale. Une chaleur forte, suffocante, pénétrait les chairs, fouettant la circulation, exacerbant les nerfs de façon atroce et implacable.

Toute l'atmosphère paraissait vibrer au sein d'un incendie universel.

Et les voiles, larges et lâches, claquaient, claquaient, comme désespérées.

– Quelle bonace stupide, s'impatientait l'enseigne tout en sondant l'horizon. Obligé, lui, le navigateur émérite de laisser passer le temps sans rien faire, à cause de ce diable de calme plat qui ne voulait pas prendre fin ! Cela ne lui était pas souvent arrivé et il y avait de quoi, vraiment, faire enrager un marin !

Mais les prisonniers arrivaient, un petit gars, maigre, le teint très jaune et le visage lisse, totalement imberbe : un autre, à peu près du même âge, mais légèrement plus brun, un mousse lui aussi ; et un quartier-maître de première classe, un Noir, très grand, les épaules puissantes, le visage glabre.

Ils arrivaient, les fers aux chevilles, traînant les pieds, le pas court et entravé, et ils avancèrent jusqu'au milieu du pont, où ils s'arrêtèrent sur un signe du commandant. Celui-ci glissa aussitôt un mot à l'oreille de l'officier qui se tenait à ses côtés, un livre à la main, puis, s'adressant au premier des condamnés, celui au teint jaune, couleur terre :

– Tu sais pourquoi tu vas être puni ?

Le mousse, sans lever la tête, confirma dans un murmure : que, oui monsieur...

Il s'appelait Herculano et l'on percevait sur son visage d'adolescent l'ombre d'une mélancolie tranquille, comme un symptôme de morbidité précoce... d'un repentir secret.

Le galon de sa classe se détachait sur le grand col carré de flanelle bleue.

Ses ongles trop négligés, maculés de goudron, étaient d'une noirceur à lever le cœur. Un bien triste individu que ce garçon, dont l'aspect dégageait une impression persistante fort désagréable.

Après une brève allocution où les mots d'« ordre » et de « discipline » revenaient sans arrêt, le commandant fit un petit signe de tête et l'officier en second, un garçon blond et moustachu, entama la lecture du Code à la rubrique portant sur les châtiments corporels.

L'équipage, de rudes marins analphabètes debout au garde-à-vous dans la lumière crue de midi au zénith, écoutait en silence, un vague respect dans le regard, le chapitre tant et tant de fois répété du livre disciplinaire, tandis que l'officier de quart, à l'abri sous la large toile de tente déployée au-dessus de sa tête, continuait de faire les cent pas d'un bord à l'autre, sans se préoccuper du reste de l'humanité.

Près des prisonniers se tenait un homme de haute stature, puissant et vigoureux, le type même du caboclo [1] originaire d'Amazonie : dans sa tenue de corvée, le béret sur la nuque, il maintenait des deux mains l'instrument du châtiment sur son genou au repos : c'était le quartier-maître Agostinho, le célèbre Agostinho, expert incomparable dans l'art d'appliquer le fouet. C'était le plus robuste et le plus crâne de tous les quartiers-maîtres. Sa compétence en matière de navigation était devenu proverbiable. C'était toujours lui, lors des manœuvres particulièrement difficiles, qui, fidèle au poste et muni jour et nuit d'un sifflet en argent, secondait le maître d'équipage dans la besogne.

– Sacré caboclo ! disaient ses camarades.

Qu'une drisse, une poulie se soient détachées là-haut dans le gréement, à un endroit dangereux, et, en moins de temps qu'il ne faut pour le dire, Agostinho escaladait aussitôt les enfléchures avec son grand corps massif et, sans regarder derrière lui, franchissait la grande hune ; on ne tardait plus guère alors à le voir, accroché, minuscule, sans

1. *Caboclo* : désigne, au sens étroit, un métis de blanc et d'indien ; au sens large, tout paysan, pauvre, analphabète, dans les régions du Centre et du Nord du Brésil ; au sens figuré, quelqu'un qui n'est pas sûr (N de T).

poids, se balançant aux traversins, et s'affairant là-haut, cible de tous les regards, pour réparer et rafistoler, au risque d'être précipité dans les flots. Homme renfermé et peu loquace mais tolérant et énergique en même temps pour tout ce qui avait trait au service, il ne comprenait pas la discipline sans l'usage du fouet, « seul et unique moyen pour faire un bon marin ».

Il avait constamment sur les lèvres la même phrase – « Un navire de guerre sans le fouet c'est pire qu'une goélette marchande. »

Les matelots, à cause de cela, ne l'aimaient guère ; ils évitaient sa présence et certains allaient même jusqu'à tenter de le brouiller avec le maître d'équipage et les autres subordonnés. – Un vaillant homme, le quartier-maître Agostinho, et capable, pourquoi pas, de commander le quart...

Et ils riaient sous cape, pestant contre « cet âne bâté d'Agostinho, qui n'aurait même pas pu faire un officier marinier... »

Il était donc là, à son poste attendant le signal pour asséner, sans pitié, le fouet à la victime. Il y prenait un plaisir tout particulier : chacun a droit, que diable !, à ses manies...

– Vingt-cinq, ordonna le commandant.

– Il enlève sa chemise ? s'enquit immédiatement Agostinho ravi et ne se tenant plus, tout en pliant le fouet pour en vérifier l'élasticité.

– Non, non : avec la chemise...

Maintenant délivré des fers, Herculano, triste et résigné, sentit sur son dos la force brutale du premier coup, tandis qu'une voix traînante et somnolente égrenait :

– Un !... puis, successivement, deux !... trois !...

Déjà Herculano ne supportait plus. Il se tordait, dressé, les jambes contractées, sur la pointe des pieds, et les bras tendus vers le ciel, le visage grimaçant et le corps fouaillé par d'intolérables douleurs, à croire qu'on lui tailladait les chairs. A chaque coup, un gémissement sourd et tremblant lui échappait, que personne, sauf lui, ivre de douleur et de désespoir, n'entendait.

Sur le pont les marins suivaient la scène sans la moindre commisération, avec une indifférence de momies.

– Crapule ! glapit le commandant en agitant son gant. Vous négligez vos devoirs et vous ne respectez pas l'autorité ! Je m'en vais vous apprendre : ou vous retenez la leçon, ou je vous fends le crâne !

L'affaire était simple : Herculano avait certaines façons étranges de vivre toujours à l'écart, dans les coins, évitant la compagnie des autres ; il s'acquittait de son service sans dire mot ni jamais prendre part le soir aux danses, à la samba, sur la proue. Fuyant et timide, la voix mourante, le teint de jour en jour plus pâle, et les yeux battus fortement cernés, il s'était vu attribuer le surnom ridicule de *Pinga*, autant dire « goutte, gouttelette »...

Le traitement n'était guère méchant, mais le mousse ne pouvait s'y faire et il se vengeait de ses camarades en leur lançant des grossièretés de corps de garde apprises à bord.

– Hé ! Pinga !

Cela suffisait pour que, pris d'une colère qui allait parfois jusqu'au délire, il débitât son vocabulaire d'injures.

Les autres, alors, s'esclaffaient :

– Mais regardez-le ! Hé, Pinga, retenez-le !...

– *Pinga* est un...

Et suivait une obscénité, quelque affreux gros mot en argot.

De fil en aiguille, la plaisanterie s'achevait toujours par des empoignades d'un autre ordre : d'où les fers, les châtiments.

Le hasard, disons-le tout net, avait voulu que Herculano, la veille au soir, soit surpris par un autre matelot alors qu'il se livrait à un acte fort laid et déprimant de la nature humaine. On l'avait trouvé, debout et seul contre le bastingage, en train d'agiter le bras dans une posture obscène, en un mot, de se livrer contre lui-même aux atteintes les plus honteuses.

Un petit mulâtre déluré, qui avait l'habitude de rôder, la nuit tombée, pour espionner les faits et gestes de ses camarades, courut appeler Sant'Ana et les deux compères s'approchèrent en craquant une allumette, « pour voir »... Les éclaboussures d'un crachat brillaient encore, toutes fraîches, par terre : Herculano, venait bel et bien de commettre un crime, crime de lèse-nature, non prévu par le Code, en répandant sur le pont stérile et sec la semence génératrice de l'homme.

On imagine sa déconvenue en se voyant pris en flagrant délit, dans cette situation grotesque. De rage, blanc comme un linge, il se jeta sur Sant'Ana, et ce fut aussitôt une lutte violente au corps à corps, où, pestant et roulant à terre, ils réveillèrent ceux qui dormaient du profond sommeil qui précède l'aube... La mise aux fers des deux protagonistes mit un terme à ce remue-ménage.

– Ah ! *Pinga*, sacré *Pinga* !... répétait le gardien de quart. Ne va pas croire que parce que t'es blanc, t'as le droit de faire des tiennes...

Tel était donc le délit commis par Herculano, et son camarade Sant'Ana allait lui aussi être puni.

Sant'Ana, cependant, n'était pas le genre à déguster sans protester : il trouvait toujours à redire en cas de sanction et cherchait par tous les moyens à se disculper auprès de l'autorité afin d'échapper, à force d'astuce, à la condamnation ; en pure perte, du reste, car tout le monde, à bord, connaissait ses façons.

C'était un pauvre diable, un matelot de troisième classe, le teint bistre, de la couleur d'un tronc de genévrier, le cheveu ras, coiffé en brosse, les yeux noirs et le nez camus dans un visage en lame de couteau. Son nom apparaissait sur le registre des punitions plus souvent qu'à son tour. Bègue de naissance, il faisait rire tous les camarades dès qu'il ouvrait la bouche, dans les moments surtout où il s'excitait ou se mettait en colère car personne, alors, ne le comprenait.

Il avait aussi la larme facile : la moindre émotion le faisait pleurer, transformant ses yeux en deux fontaines de tendresse.

Il se mit sur-le-champ à bafouiller une histoire de « provocations », comme quoi il était bien tranquille dans son coin et que c'était Herculano qui était venu l'asticoter, « le chercher »...

– Allez, allez, gardien, suffit ! Je ne suis pas là pour écouter des sornettes. Vas-y !...

Agostinho fit claquer le fouet et résolument, sans davantage s'enquérir il asséna le premier coup, un petit rire de méchanceté au coin des lèvres.

– Un !... égrena la voix de tout à l'heure.

Le garçon se dressa sur la pointe des pieds, les yeux hors de la tête, en se tordant les mains.

– Ah ! gémit-il avec un cri de douleur. – Pe... pe... pour l'amour de... de... de Dieu, com... com... commandant !

– Allez, allez !...

Les autres coups suivirent, implacables, sévères, cinglant un à un douloureusement, comme des cautères brûlants, le corps fluet du matelot.

Et Sant'Ana n'eut plus qu'à tous les endurer, puisque les cris, les larmes, les prières, ne servaient à rien.

– Je dois vous corriger, il le faut, vociférait le commandant, emporté soudain par une violente colère, l'humeur mauvaise sous la lumière impitoyable du midi tropical. – Je dois vous corriger, canailles !

Pas un frémissement d'émotion dans les rangs des matelots, témoins habituels de ces séances qui ne parvenaient plus depuis beau temps à provoquer en eux de réactions, comme s'ils n'assistaient là qu'à la répétition banale d'une scène trop connue.

Une petite brise commençait à descendre, gonflant les

voiles de façon presque imperceptible, et si légère qu'elle tempérait à peine la force cuisante du soleil.

Quelque peu ravigoté par cette brise annonciatrice de grands vents, l'enseigne prenait maintenant des notes sur un petit carnet, pressé d'appeler ses gens « à la manœuvre ».

Midi bientôt, et les punitions n'avaient toujours pas pris fin.

C'était cette fois le tour du troisième prisonnier, un grand gaillard noir, énorme, colossale figure de cafre défiant, avec son formidable agencement de muscles, la langueur maladive d'une génération décadente et irritable, et dont la présence sur le pont, dans de telles conditions, éveillait l'intérêt et une vive curiosité : c'était Amaro, le gabier de proue – dit, dans l'argot du bord, Bom-Crioulo [1].

– Approche, dit le commandant forçant la voix et donnant à son visage l'expression la plus sévère.

Un murmure étouffé, un susurrement vague, timide, courut dans les rangs de l'équipage, comme lorsqu'au théâtre un léger frémissement parcourt, pendant les changements de décor, les rangs des spectateurs. C'est que les choses, cette fois, se corsaient. Herculano et Sant'Ana n'étaient à tout prendre que deux fripouilles, de ces marins minables qui ont bien du mal à supporter sur l'échine vingt-cinq coups de fouet : des sales gamins !... Sûr qu'avec Amaro, avec le fameux, le terrible Bom-Crioulo, il allait y avoir du spectacle.

On procéda à une nouvelle lecture du Code sur le rythme lent et scandé propre aux offices religieux, puis le commandant, se redressant dans son uniforme éclatant et très ajusté :

– Tu sais pourquoi tu vas être puni ?

– Oui, monsieur.

Ces mots, Bom-Crioulo les proféra sans le moindre

---

1. Bon Noir (N de T).

embarras, le ton froid, résolu, le regard fixant effrontément les galons dorés de l'officier. Debout, les talons joints et les bras le long du corps, auprès du grand mât, dans une parfaite attitude militaire, on n'en devinait pas moins, sournoise et contenue, dans le port de tête, la ligne des épaules – allez savoir où ! – une pointe de la dextérité et de la détente élastique des grands fauves.

Bom-Crioulo, en effet, n'était pas seulement un homme robuste, doté d'une de ces organisations privilégiées qui assurent au corps la résistance arrogante du bronze et l'emportent grâce au poids des muscles.

La force nerveuse était chez lui une caractéristique congénitale, surpassant toutes ses autres capacités physiologiques, elle lui valait une aisance de mouvements extraordinaire, insurpassable même, une rare et stupéfiante agilité.

Ce don précieux et naturel s'était encore accentué chez lui à force d'un entraînement constant, ce qui lui avait valu une redoutable réputation à terre, lors d'affrontements avec des soldats et des dockers, et à bord lorsqu'il buvait un coup de trop.

C'est que Bom-Crioulo, de loin en loin, sifflait volontiers de son petit verre d'eau-de-vie, jusqu'à parfois prendre des cuites qui lui faisaient faire toutes sortes de folies.

Il s'armait d'un couteau et descendait sur les quais, totalement transfiguré, les yeux lançant des éclairs, sa chemise ouverte et le béret de travers, avec l'allure d'un dément ; et c'était alors un risque, une témérité sans nom que de l'approcher. Le Noir avait l'air d'un fauve échappé de sa cage, et il faisait fuir tout le monde, matelots et gens de la côte, chacun, dans ces occasions, redoutant d'être pris à partie.

Lorsqu'une querelle éclatait quai Pharoux, tout le monde savait d'emblée que ce ne pouvait être que Bom-Crioulo, aux prises avec la police. Les gens accouraient, un attroupement se formait, toute la population du quartier envahissait la place, comme si un événement grave, quelque catastrophe, venait de se produire, chacun prenait parti, qui pour la police, qui pour la marine... un charivari indescriptible !

Ce jour-là, cependant, la raison de sa mise au cachot, en pleine mer, à bord de la corvette, était d'un autre, d'un tout autre ordre : la veille, Bom-Crioulo avait, impitoyablement, roué de coups un deuxième-classe, parce que celui-ci avait osé, « sans son consentement », malmener le mousse Aleixo, un joli petit marin aux yeux bleus, que tout le monde sur le navire aimait bien et à propos duquel circulaient « des choses ».

Jeté dans la cale, les fers aux pieds, Bom-Crioulo ne lâcha pas un traître mot. D'une incroyable douceur lorsque, loin de l'emprise de l'alcool, il était dans son état normal, il se soumit à la volonté supérieure et attendit, résigné, la suite des événements – Il reconnaissait avoir mal agi et mériter une punition, il n'était pas plus mauvais qu'un autre mais, que diable ! il n'était pas si mécontent : il avait une fois de plus montré quel homme il était... Sans compter que le mousse l'intéressait et qu'il avait la certitude d'arriver un jour à le conquérir, ainsi que l'on conquiert une jolie femme, une terre vierge, un sol contenant de l'or... Il était, en fait, absolument ravi.

Le châtiment ne lui faisait ni chaud ni froid : il avait l'échine dure comme fer et savait pouvoir résister comme un hercule à la poigne d'Agostinho. Il y avait longtemps qu'il avait oublié le nombre de fois où il avait reçu le fouet.

– Un ! scanda la même voix. – Deux !... Trois !...

Bom-Crioulo avait enlevé sa chemise de coton et, nu au-dessus de la ceinture, dans une somptueuse exhibition de muscles, les épaules noires et luisantes, la poitrine saillante, un sillon profond, lisse depuis le haut jusqu'au bas du dos, il ne gémissait même pas, à croire qu'il n'endurait là que la plus anodine des corrections.

Toutefois, on en était déjà à cinquante coups de fouet !

Et personne n'avait encore entendu le moindre gémissement, n'avait surpris une contraction, un geste de douleur. On voyait seulement les marques des lanières s'entrecroiser, zébrant la peau dans tous les sens, telles une toile d'araignée, rouge et palpitante sur cet énorme dos noir.

Bom-Crioulo, néanmoins, eut soudain un infime tressaillement et il leva un bras : le fouet avait vibré en plein sur ses reins, contractant le bas-ventre. Un coup redoutable, asséné avec une force extraordinaire.

A son tour Agostinho tressaillit, mais il tressaillit du plaisir de voir, enfin, triompher la force de son poignet.

A chaque coup, matelots et officiers, très intéressés, tendaient le cou pour mieux regarder, dans un silence concentré.

– Cent cinquante !

Alors seulement on put voir un point rouge, une goutte vermeille, glisser le long de l'échine du matelot et ce point rouge devenir très vite un ruban de sang.

Pendant ce temps sur la passerelle, l'officier, pointant ses lunettes d'approche, tentait de distinguer une ombre à peine distincte qui semblait flotter très loin, aux confins de l'horizon : la fumée, peut-être, de quelque transatlantique...

– C'est bon ! décréta le commandant.

Pour les punitions, c'était fini. La manœuvre allait recommencer.

II

La victoire des abolitionnistes devait encore se faire attendre un temps, un bon bout de temps, lorsque Bom-Crioulo, Amaro simplement à l'époque, était arrivé on ne savait d'où, le ballot sur l'épaule, vaguement vêtu d'une méchante cotonnade, avec, sur le crâne, un grand chapeau de paille et des sandales de cuir brut aux pieds. Mineur (il avait dans les dix-huit ans), et n'ayant aucune notion des difficultés que rencontre un homme de couleur dans un milieu esclavagiste et profondément superficiel comme l'était la société au temps de la *Cour*, il s'était enfui, résolu et ingénu, sans avoir même réfléchi aux conséquences de son acte.

A l'époque, le « nègre marron » terrorisait les populations de façon incroyable. On donnait la chasse à l'esclave, à cheval et le pistolet au poing, en gravissant des montagnes, en franchissant des précipices, en traversant des rivières à la nage, comme s'il s'agissait de poursuivre un animal, jusqu'au cœur de la forêt... La nouvelle de l'évasion aussitôt communiquée, la troupe – Au nom du Roi ! – envahissait les bois, des estafettes parcouraient le sertão dans une clameur étrange et en excitant les chiens, ils passaient les plantations au peigne fin et vérifiaient les traces de pas. Les gens, morts de peur, allaient jusqu'à verrouiller leurs portes... Les journaux publiaient en troisième page le portrait d'un « négrillon » en cavale, le ballot sur l'épaule, avec au-dessous, généralement en gros caractères, l'avis, minutieux, explicite, avec tous les détails, indiquant l'âge, la stature, les cicatrices et les défauts ou autres signes distinctifs du fugitif. Il était aussi précisé que le « propriétaire » gratifierait généreusement toute personne qui mettrait la main sur l'esclave.

Ayant cependant réussi à tromper la vigilance des intéressés, et après une nuit, la plus noire de son existence, passée dans une sorte de cage munie de barres de fer, Amaro, qui craignait surtout d'être ramené à la « Fazenda » et de retomber en esclavage, se retrouva au matin tout tremblant devant ce qu'il prit pour un fleuve très large et très calme, sur lequel toutes sortes de bateaux, certains à voile, d'autres qui rejetaient de la fumée, voguaient dans tous les sens – avec, dominant les lieux, un grand morne, tel un pain de sucre, perçant là-haut les nuages, comme il n'en avait encore jamais vu.

On fit ensuite retirer à Amaro ses vêtements (il en éprouva même une fichue honte), on l'examina sur toutes les coutures, le dos, la poitrine, les parties, et on lui donna une chemise bleue de marin de la flotte.

Le même jour il rejoignit le fort, de l'autre côté de la baie, et à peine l'embarcation, sur une forte impulsion, se fut-elle écartée du quai, le nouveau matelot, pour la première fois, sentit son âme vibrer d'une façon extraordinaire, comme si, dans son sang d'Africain, venait d'être injectée la fraîcheur délicieuse de quelque mystérieux filtre. Il était libre, ses yeux, ses oreilles, son nez, tous ses pores enfin, le disaient libre comme l'essence même de la lumière, des odeurs, des sons, de toutes les choses de l'éther. Tout ce qui l'entourait : la plaine liquide qui chantait à la proue de la chaloupe, le bleu immaculé du ciel et la découpe, au loin, d'une chaîne de montagnes, les navires tanguant entre les îles et l'échelonnement immobile des maisons qu'il laissait derrière lui – ses camarades également, qui ramaient d'un même cœur comme s'ils n'étaient qu'un seul bras – et surtout, mon Dieu !, surtout, le vaste écrin illuminé de la baie : l'ensemble, en un mot, du paysage, lui communiqua une sensation de vie et de liberté d'une telle intensité qu'il lui vint presque une envie de pleurer, mais de pleurer franchement, ouvertement, en présence des autres, comme s'il perdait l'esprit...

Ce décor splendide resterait gravé sur sa rétine pour le restant de ses jours ; jamais, au grand jamais, il ne l'oublierait. Lui, le nègre, « l'esclave marron », se sentait soudain homme, l'égal enfin, véritablement, de tous les autres hommes et grand comme la nature, heureux de l'être, avec toute la puissance virile de sa jeunesse ; et il eut de la peine, beaucoup de peine, à la pensée de ceux qui pendant ce temps, à la « fazenda », continuaient de s'échiner, sans jamais rien gagner, depuis l'aube jusqu'à... Dieu sait !

Il lui fut difficile les premiers temps, avant d'aller à bord, d'oublier le passé, la « mère Sabina », toutes les choses apprises dans les champs de café... Une envie, souvent, le prenait, un désir vague d'aller revoir ses anciens compagnons de la plantation, mais ce souvenir se dissipait, tel la fumée ténue au loin, au-dessus des brûlis, et, rouvrant les yeux avec un plaisir sans mélange, sur la mer criblée d'embarcations, il revenait à la réalité...

La discipline militaire, avec tous ses excès, n'avait rien de comparable au dur labeur de la plantation, ni au terrible régime du cep et du fouet. La différence était de taille... Ici au fort, au moins il avait son hamac et son oreiller, du linge propre et il mangeait bien, à satiété, comme n'importe qui, aujourd'hui un bon pot-au-feu, demain une succulente feijoada [1], et chaque vendredi une savoureuse mourue avec force piment et « sang du christ » [2]. Que demander de plus ?

1. *Feijoada* : sorte de cassoulet à base d'haricots noirs (N de T).
2. *Sang du Christ* : un synonyme pour vin (N de T).

Puis, la liberté, à elle seule la liberté valait mieux que tout ! Ici on ne regardait pas la couleur ou la race du matelot : tout le monde était logé à la même enseigne, tout le monde bénéficiait des mêmes privilèges – mêmes tâches, mêmes permissions – « Et lorsque vous savez vous faire apprécier de vos supérieurs, lorsque vous n'avez pas d'ennemis, alors c'est une vie bénie : personne ne se soucie du lendemain ! »

Amaro sut très vite gagner l'affection des officiers. Les premiers temps ceux-ci avaient eu bien du mal à garder leur sérieux face à cette recrue bizarre, étrangère aux coutumes militaires, qui, avec ses façons maladroites de « bleu » naïf et mal dégrossi, déclenchait d'inextinguibles fous rires ; mais tous, au bout de quelques mois, durent reconnaître que « le Noir » leur en « remontrait ». Amaro savait maintenant manier le fusil selon les règles du métier et il n'avait plus rien d'un novice en matière d'artillerie ; il s'était fait la réputation d'un « marin de première ».

Pas une fois, au long de cette première année d'apprentissage, il ne mérita un blâme, un châtiment disciplinaire : il était si facile de caractère que même les officiers se mirent à l'appeler Bom-Crioulo. Son plus grand désir, cependant, sa grande préoccupation, restait d'embarquer le plus vite possible, quel que soit le bâtiment, afin de prendre l'habitude de vivre en mer, de se familiariser, pendant qu'il était jeune, avec la vie à bord et d'apprendre sur le tas comment « enverguer, replier les garcettes et relever au compas la position du navire... ». Il attendait impatiemment sa désignation... Il enviait ceux qui, loin de la terre, couraient les mers, naviguant sans contrainte par ces mondes du Bon Dieu. Que ce devait être bien pour l'âme et pour le corps cet air libre que l'on respire là, dehors, sur les eaux !...

Il s'amusait à construire des petites embarcations en bois, des reproductions des différents navires de guerre, avec un pavillon au sommet du mât et de vrais sabords, des cuirassés en miniature, des petits yachts, tout cela rien qu'à la pointe de son couteau de marin et avec la patience, l'application d'un architecte.

Mais quant à embarquer définitivement, rien à faire ! Il allait, certes, à bord de temps à autre, ramant à son tour dans la chaloupe, pour des exercices, mais il lui fallait chaque fois rentrer le soir même au fort avec l'équipe des autres apprentis, frustré de n'avoir pu rester et rêvant des récits de voyage et des mille choses qu'il ne manquerait pas de voir le jour où, pour la première fois, il prendrait la mer.

Enfin ce jour arriva. Bom-Crioulo fut désigné pour embarquer sur un vieux transporteur qui faisait route vers le Sud.

– Hé bien, c'est pas trop tôt ! fit-il en levant les bras, à la fois surpris et ravi. Ils ont quand même fini, Dieu merci, par se souvenir de Bom-Crioulo !

Et, tout joyeux et plein d'émotion, il s'en fut faire part à la ronde de son destin. – Les camarades avaient peut-être envie qu'il leur rapporte un petit souvenir du Rio Grande ? Non ? rien ? vraiment rien ?...

– Hé, Bom-Crioulo, ramène-moi une Paraguayenne – plaisanta l'un.

– Hé ! pour moi, une douzaine d'œufs de Santa Catarina fera l'affaire...

Et d'autres de lui commander des choses impossibles : une tranche de « gringo » rôtie, une canette de sang espagnol, l'oreille d'un « barriga-verde » [1] !...

Tous riaient dans la chambrée, car tous voulaient qu'Amaro profite à fond de son premier voyage et qu'il revienne gros et fort, pour « trucider du Portugais sur le quai des Mineiros ».

Certains disaient grand bien de l'officier commandant sur le transporteur, un brave homme, le vieux Novais, qui

1. *Barriga verde* : s'emploie pour désigner les ressortissants de l'Etat de Santa Catarina (N de T).

détestait recourir aux châtiments et qui était même un ami pour les matelots.

– Et le second ?

Hé bien, le second était un certain Pontes, un type avec des favoris, qui avait fait naufrage sur la corvette *Isabel*, fort laid le pauvre, mais une bonne personne ; celui-là non plus ne faisait de mal à personne, au contraire – qu'un marin tombe dans ses bonnes grâces, il se voyait traiter au vin de Porto...

Bom-Crioulo exultait.

L'embarquement devait avoir lieu en fin de soirée, un peu avant qu'on « ramène les couleurs ».

Amaro était fin prêt, et on lisait dans son regard, dans ses gestes, sa façon de parler, le grand contentement qui lui remplissait le cœur. C'était un bonheur étrange, un bien-être jusqu'alors inconnu, quelque chose comme une petite folie, légère et inoffensive, qui le rendait vingt fois plus homme et plus fort, le retrempait pour les luttes de l'existence. Une douce ivresse des sens, celle qui sourd d'une grande allégresse comme d'une immense tristesse... Bom-Crioulo ne se souvenait avoir éprouvé une pareille joie que le matin où on l'avait obligé, c'est le mot, à faire l'expérience de la liberté en l'enrôlant dans la marine. Il voyait maintenant cette liberté s'amplifier, croître démesurément, et cela le faisait trembler et ouvrait dans son âme de vastes horizons insoupçonnés aux couleurs d'aquarelle...

Il ne laissait au fort aucun ennemi, pas même un rival ; en bons termes avec tous et savourant sa joie égoïstement, il ne s'en allait pas moins avec, chevillée au cœur, la *saudade* de ceux qui s'en vont...

Tandis que la chaloupe qui l'emmenait s'éloignait du pont, d'où ses camarades le saluaient en agitant leur béret avec une ardeur touchante, il sentit la tiédeur d'une larme fugitive lui rouler jusqu'au menton, et il se mit lui aussi, pour n'en rien montrer, à saluer, debout dans l'embarcation, jusqu'à voir les contours de l'île et les adieux de l'équipage se dissoudre peu à peu dans les brumes du crépuscule.

Et, longtemps encore, il lui sembla entendre à la proue du transporteur les voix de ses camarades, telles les ultimes réminiscences d'un rêve, l'encourager affectueusement : – Adieu Bom-Crioulo ! Sois heureux !

Toute cette nuit, il ne dormit pas. Allongé sur le dos à même le pont, comme au creux d'un grand lit souple et confortable, il vit, une à une, les étoiles disparaître dans la pénombre qui précède l'aube, et le jour ressurgir glorieux et rehausser d'or la chaîne des Orgues et le dôme des édifices, dans sa triomphale résurrection.

Et le magnifique décor de la baie s'était peu après transformé en l'immense océan désert et resplendissant, qui se déploya progressivement en un vaste cercle liquide où ne verdoierait bientôt même plus le mirage d'une oasis... La grandeur de l'océan lui communiqua une bravoure spartiate. Il découvrait là, autour de lui, la représentation sublime d'une liberté sans limite, d'une absolue souveraineté, toutes choses que son instinct avait de longtemps pressenties confusément, à travers une nébuleuse d'ignorance.

Les jours, les mois, les années coururent. Tous à bord, comme au fort les premiers temps, l'appréciaient. La première fois que, par une belle matinée après le lavage du pont, on le vit se prélasser nu, dans un bain d'eau salée – ce fut une clameur ! Pas un os ne pointait sur ce corps de géant : la poitrine large et ferme, les bras, le ventre, les hanches, les jambes formaient un puissant ensemble de muscles évoquant une force physique surhumaine, qui laissa l'équipage, subjugué, bouche-bée d'admiration devant le Noir. Exerçant dès lors une influence décisive sur l'esprit de ces gens, et s'imposant bientôt sans discussion à bord comme le bras le plus fort et la poitrine la plus robuste, Bom-Crioulo ne tarda pas à être considéré comme un « homme dangereux ». Les gros poids, c'était lui qui les soulevait, lui, toujours lui, qui avec sa poigne de fer, sa force de quatre-vingts kilos, venait montrer comment arc-bouter un espar, comment, par gros temps, affaler une voile et comment travailler de bon cœur !

Sa réputation, pendant ce temps, avait gagné tous les navires – Une force de la nature, ce Bom-Crioulo ! répétaient les matelots à la ronde. – Un animal entier, voilà ce qu'il était !

Le Noir quant à lui continuait de nourrir une grande aspiration : il souhaitait éperdument embarquer sur un certain bâtiment, dont le commandant, un *fidalgo*, se disait l'ami des marins de forte constitution ; un parfait gentilhomme, d'un commerce à la fois sévère et amène, et un éducateur hors-pair.

Bom-Crioulo le connaissait uniquement de vue et il avait d'emblée éprouvé une immense sympathie à son égard. De plus, le commandant Albuquerque récompensait les services de ses gens et ne renâclait jamais à promouvoir ceux qui lui étaient attachés. Quant au bruit qui courait, qu'en affaire amoureuse il préférait un sexe à l'autre, ce n'était peut-être qu'une calomnie comme il s'en invente à seaux dans ces eaux... Lui, Bom-Crioulo n'avait pour sa part rien à voir avec ça. C'était un chapitre à part, que diable, et qui est exempt de vices !

Mais Bom-Crioulo sur ces entrefaites avait reçu sa feuille d'embarquement, et il s'en fut sur la corvette suivre son nouveau destin.

Il avait maintenant près de trente ans et arborait un col de matelot de deuxième classe. Il n'eût tenu qu'à lui, il se serait passé de reprendre la mer : il avait roulé quasiment dix bonnes années à travers le monde entier, risquant sa vie et se sacrifiant inutilement une cinquantaine de fois. – A la fin, on se lasse !... Un pauvre matelot, cela travaille comme une bête de somme, de l'aube au crépuscule, et passe des nuits blanches, endure sans profit, sans bénéfice aucun, le dédain de chacun ! Le vrai, c'est de vivre « à la bonne ».

Bom-Crioulo, pendant ce voyage, ne fut pas plus heureux ou malheureux qu'il ne l'avait été à l'occasion des précédents. Nommé gabier de proue, responsable en quelque sorte du mât de misaine, il s'était acquitté, au début, de ses obligations de façon irréprochable, et l'on ne pouvait que constater la propreté et le bon ordre régnant sur son territoire, depuis la pomme, en haut du mât, jusqu'à la plaque, en bas, des chevillots. C'était un plaisir que l'agilité avec laquelle il exécutait les manœuvres. La besogne se déroulait dans l'ordre exact, sans un accident, comme si le mât entier était une grande machine mue à la vapeur : un défi chaque fois pour le personnel des autres mâts.

Pendant le voyage de retour, les choses pourtant avaient changé. Le mât de misaine était maintenant l'un des derniers à être prêt, il y avait toujours un obstacle, un incident quelconque : un cordage qui « restait pris », un « mousqueton » qui cassait, une autre chose qui manquait...

– Magne-toi ! hurlait l'officier de quart, vite excédé.

Et c'est seulement au bout d'un long moment qu'on entendait Bom-Crioulo annoncer de là-haut, au sommet du mât de perroquet, la voix cassée :

– Ça y est !

Les uns disaient que la cachaça leur avait gâché « le nègre » ; mais d'autres insinuaient que Bom-Crioulo était devenu « comme ça », indifférent et négligent, depuis qu'il « s'était mis » avec Aleixo, le fameux petit mousse, le gamin aux yeux bleus qui avait embarqué dans le sud – Ce vaurien de nègre n'avait vraiment plus aucune retenue ! Et pas question de lui faire quelque remontrance ou de lui donner des conseils... Il était homme à écraser du poing quiconque s'y serait risqué.

Jusqu'au commandant qui était au courant de cette amitié scandaleuse avec le gamin. Il prenait l'air indifférent, comme s'il ne savait encore rien, mais on notait dans son regard la sorte de prévention qu'ont les gens n'attendant que l'occasion de vous prendre en flagrant délit.

L'enseigne et le second commentaient l'affaire entre eux, et des rires fusaient dans le carré des officiers pendant les tournées de rafraîchissements.

Tout cela, cependant, n'était guère plus que des soupçons, et Bom-Crioulo, avec sa nature fruste, une grande tache de sang au coin de son œil gauche, et le bas du visage épaissi par un prognatisme évident, n'avait que mépris pour ce que pensaient les autres. On n'osait rien lui dire en face, parce que sinon les choses auraient mal tourné... La terrible séance de fouet avait eu lieu pour sa gouverne : le marin avait enduré au risque de trépasser, comme un animal entêté, mais il avait su montrer ce que c'est que d'être un homme !

Son sentiment envers le mousse était né, du reste, ainsi que naissent toutes les grandes affections, à l'improviste et sans précédents d'aucune sorte, au moment fatal où leurs regards s'étaient croisés pour la première fois. Ce mouvement indéfinissable qui fond en même temps sur deux natures de sexes opposés, déclenchant ce désir physiologique de possession mutuelle, cette attraction animale qui rend l'homme esclave de la femme et, dans toutes les espèces, précipite le mâle vers la femelle, Bom-Crioulo l'éprouva de façon irrésistible dès que son regard rencontra celui du petit mousse. De sa vie, il n'avait éprouvé ébranlement semblable, jamais un homme et jamais une femme, depuis qu'il était adulte, n'avait provoqué en lui une impression aussi étrange ! Le sûr, en tout cas, c'est que le petit, un enfant de quinze ans, l'ébranla jusqu'au tréfonds de l'âme et dans l'instant le domina, le subjugua avec la force magnétique d'un aimant.

Il lui fit signe d'approcher, la voix pleine de douceur, et voulut savoir comment il s'appelait.

– Je m'appelle Aleixo, dit le mousse en baissant les yeux, très intimidé.

– Pauvre petit, alors tu t'appelles Aleixo, lui retourna Bom-Crioulo.

Et aussitôt, sans lâcher le gamin des yeux, de la même voix tendre et affectueuse :

– Hé bien, écoute : je m'appelle Bom-Crioulo, n'oublie pas. Si quelqu'un te cherche, ou t'embête, je suis là, moi, pour te défendre, tu m'entends ?

– Oui monsieur, fit le marin en relevant les yeux, avec une expression de reconnaissance.

– Et n'aie pas honte, non : Bom-Crioulo, le gabier de proue. Suffit que tu m'appelles.

– Oui monsieur...

– Ecoute encore, ajouta le Noir retenant la main du gamin dans la sienne : – Reste dans ton coin, bien gentil et sage, pour ne pas te faire punir, compris ?

Aleixo ne savait que répondre timidement : – Oui monsieur – d'un petit air candide de gamin obéissant, ses yeux pers clairs comme de l'eau de roche, et ses lèvres, pleines, du plus beau rouge.

Il était originaire d'une pauvre famille de pêcheurs, qui l'avaient fait s'engager à Santa Catarina et il était en voie de devenir un solide garçon. Son travail à bord, lorsque ce n'était pas son tour d'être de ronde la nuit, consistait à rassembler les cordages et à veiller à l'entretien des instruments en cuivre.

Il avait commencé par avoir peur de Bom-Crioulo. Il avait même failli pleurer une fois, le jour où le Noir l'avait pris en train de fumer dans l'entrepont, au mieux avec le matelot de proue. Le Noir lui avait lancé de ces yeux !... Les choses en était restées là, heureusement. Mais le gamin à dater de ce jour, et sans s'en rendre compte, commença à s'habituer à cette sollicitude généreuse, qui ne regardait ni aux sacrifices, ni à la dépense, de sorte qu'une attirance croissante et finalement le début évident d'une affection sincère et reconnaissante l'attacha à Bom-Crioulo.

C'est alors que le Noir, jaloux de sa nouvelle amitié, avait voulu montrer au mousse le grand pouvoir qu'il exerçait à bord et jusqu'où pouvait le mener ce dévouement, cette passion à tout prendre égoïste, en rossant sans pitié le deuxième-classe qui avait maltraité Aleixo.

Que Bom-Crioulo ait, pour le défendre, enduré les cent cinquante coups de fouet se grava, de fait, de telle façon dans l'esprit du mousse, qu'il le considéra désormais comme un protecteur désintéressé, ami des faibles...

Bom-Crioulo était revenu de son long voyage dans les ports du sud encore plus fort, plus vigoureux et plus homme. C'était une masse vigoureuse de muscles au service d'un magnifique appareil humain. Pour ce qui est de la discipline, là aussi il avait un peu changé : on ne lui retrouvait plus à présent certains scrupules d'obéissance et de sérieux, il avait même perdu cet air, cette attitude de respect qui, à *Villegaignon* [1], les premiers temps, lui avait valu l'estime des officiers et l'avait distingué des autres hommes d'équipage effrontés et insubordonnés : ce caractère docile et conciliant, il l'avait laissé quelque part en haute-mer ou sur les terres qu'il avait fréquentées. Il traitait maintenant ses supérieurs sans déférence, s'empressant de passer la mesure ou, les taxant d'injustes et de méchants, de dire du mal d'eux en leur absence. Il avait su, toutefois, conserver une chose, la force physique, et en imposait chaque jour davantage aux autres marins qui, même pour plaisanter, se gardaient bien de l'agresser. Sa réputation d'homme crâne, et que rien n'arrête, s'était propagée de telle façon que même à terre, et dans toute la province, on ne parlait de « Bom-Crioulo » qu'avec précaution – Qui, alentour, ne le connaissait pas ? A

1. *Villegaignon* : nom d'une île aujourd'hui reliée au continent. C'est là que le Français Nicolas Durand de Villegagnon fonda en 1555 une colonie, la future France Antartique (N de T).

propos, il avait été esclave et Dieu sait qu'il était loin d'être laid, ce diable de nègre...

Du transporteur sur lequel il avait fait son premier long voyage, il avait été muté sur un croiseur récemment arrivé d'Europe, et la vie, à bord, n'avait pas couru pour lui, de la meilleure façon. Le commandant, un capitaine de vaisseau du nom de Varela, sévère et intransigeant comme aucun autre officier de son temps, un homme qui ne se déridait jamais, l'avait un jour rappelé à l'ordre de la belle façon, le laissant pratiquement sans voix, pour la simple raison que Bom-Crioulo, à l'occasion d'un petit démêlé pour une question de service, avait frappé à la tête un autre matelot avec un aviron. Ç'avait été sa première sanction après quatre ans de marine. Bom-Crioulo, profondément blessé et plein de ressentiment, s'était du coup mis en devoir de se montrer le plus rebelle et tire-au-flanc qui soit, sans honte aucune, sans plus se soucier de ses obligations, sans travailler, comme auparavant, « pour l'honneur du métier ». – « Bien fou celui qui se tue à la tâche ! La solde, qu'il travaille ou non, lui est due... qu'ils aillent au diable ! »

Il était ainsi devenu de plus en plus désobligeant, préoccupé, plus que tout autre chose, de ses seuls intérêts, passant un mois par-ci à l'hôpital, un mois par-là à bord, lorsqu'il n'était pas à terre, en permission...

III

A la bonace équatoriale de la veille avait grâce à Dieu succédé un petit vent frais et réparateur, qui moutonnait la vaste surface des eaux, gonflait les voiles, et redonnait à toutes les physionomies un nouvel aspect de bonne humeur et de gaieté.

Le ciel, immense et haut dans la gloire impérissable de la lumière, avait pris un ton de bleu délavé, exempt du moindre nuage... Des petits oiseaux à collerette immaculée accompagnaient la corvette, follets et messagers, ils se posaient par instants sur l'eau, mêlant dans un rapide froufroutement d'ailes leur alacrité bruyante au clapotement sourd des vagues.

Maintenant, oui, tous les matelots se réjouissaient dans l'espoir d'arriver sans plus tarder, saufs et sans autre imprévu, dans la baie de Guanabara, là où régnaient l'abondance et la tranquillité et où la vie courait sage et amène, chacun, le navire ancré face à la ville, se retrouvant près des siens, délivré des tourments qu'inflige la navigation en haute-mer... Sans compter qu'il était bien temps ! Vingt longs jours à mener une vie de chien et à tirer des bords, stupidement, sans voir un bout de terre et même pas une île ! Dieu, il était temps...

Seule une personne à bord, sur tout l'équipage, aurait

mille fois préféré que le voyage se prolongeât indéfiniment et que la corvette ne touchât plus jamais au port, ou que la mer déferlant subitement engloutisse îles et continents dans un débordement effrayant, et que seul le vieux vaisseau survive au cataclysme et continue de flotter, grandiose, insubmersible, tel un navire de légende jusqu'à la fin des temps. C'était Bom-Crioulo, Amaro, le nègre marron, dont l'esprit se débattait comme un oiseau à l'agonie avec cette idée fixe – le mousse Aleixo – lequel ne lui laissait plus la liberté de penser à rien d'autre et le torturait abominablement... – Heure maudite que celle où le petit avait posé le pied sur le pont de la corvette ! Sa vie avait jusqu'alors couru comme Dieu l'avait voulu, sans trop d'à-coups, sans préoccupations importunes, tantôt triste, c'est vrai, et tantôt gaie, car rien ne se maintient égal et ferme en ce monde, mais à tout prendre vivable, finalement. Et à présent ? A présent... hum, hum !... à présent il n'y avait plus de remède : il ne pouvait que laisser les choses aller leur train...

Le gamin s'était emparé de son imagination, et il le hantait, avec ses yeux pers et la blondeur de ses cheveux, avec ses formes rondes et toute sa provocante petite personne.

Qu'il plût ou que le feu se déversât comme braise du firmament, pendant les siestes comme pendant le service, rien ni personne ne parvenait à lui sortir le jeune mousse de la tête : c'était une hantise de tous les instants, une idée fixe et tenace, une défection de sa volonté dominée de façon irrésistible par le désir de s'unir à l'adolescent comme à une personne de l'autre sexe, le désir de l'avoir sans cesse près de lui et tout à lui, de l'aimer, de se repaître de lui...

De telles pensées métamorphosaient Bom-Crioulo de façon prodigieuse, le désir lui fouaillait les chairs comme un aiguillon, pareil à la pointe d'un compas de marine, aux piquants d'une ortie sauvage – une soif de tantale, titanesque, du plaisir interdit, qui semblait lui brûler les nerfs et les viscères.

Il ne se souvenait pas avoir aimé ni s'être même jamais engagé dans l'une de ces aventures si courantes dans la jeunesse, auxquelles se prêtent des femmes faciles : non, il avait au contraire toujours été indifférent à certaines choses, préférant de beaucoup faire la foire sur place, à bord, entre camarades, loin des intrigues et minauderies féminines. Il n'avait souvenir que de deux entorses à la continence quasi virginale de ses mœurs et habitudes, et qui toutes deux n'avaient été que de pur hasard : une première fois à Angra dos Reis, près de la cascade, alors qu'il avait vingt ans, il s'était mis par étourderie dans le mauvais pas d'avoir à coucher avec une fille, à telle enseigne, du reste, qu'il avait fourni là un piètre échantillon de ses capacités viriles ; et une autre fois, des années plus tard, il s'était retrouvé, fin-soûl, place du Rocio, à Rio de Janeiro, dans la « maison d'une Française », d'où il était ressorti plein de honte et se jurant de ne jamais plus s'intéresser à « ces choses »...

Alors, comment se pouvait-il qu'il se découvre ainsi, sans forces et incapable de résister aux poussées de sa nature ? Que signifiait donc cet amour, ce désir de possession animale entre deux personnes du même sexe, entre deux hommes ?

Tout cela laissait son esprit dans une confusion extrême, brouillait ses idées, ranimait ses scrupules, rebutait ses sens. – Il serait certes loin d'être le premier à donner l'exemple, s'il advenait que le petit se décide à consentir... Mais – instinct ou manque d'habitude – quelque chose se révoltait en lui à l'idée d'un acte aussi immoral, que bien d'autres, pourtant, et d'un rang supérieur, pratiquaient sur le navire, et jusque sur le pont, presque toutes les nuits... N'avait-il pas très bien vécu sans cela ? Alors, que diable ! ce n'était vraiment pas la peine de sacrifier le petit mousse, un enfant... Est-ce qu'il n'avait pas au monde, disponibles si véritablement « le besoin » se faisait sentir, des femmes de toutes les nationalités, françaises, anglaises, espagnoles... au choix !

Il se fustigeait, contrit et se faisant des reproches, se traçait, la tête froide, une ligne de conduite, envahi pourtant par vagues d'une tendresse languide et presque religieuse, le regard perdu sur l'azur uniforme.

La punition récoltée pour avoir défendu Aleixo lui avait causé un autre tort : il avait dû abandonner le jour même son poste de gabier de proue, ce qui, tout compte fait, était un soulagement et allégeait son travail. Il ne trouvait rien à redire à la façon dont on le traitait, pourvu qu'on le laisse aller, tranquille dans son coin, son train routinier : jamais il n'avait demandé de faveurs à personne.

– Ecoute, conseillait-il au gamin, une pointe d'ironie dans la voix, garde-toi des officiers. Ils nous traitent bien et se disent nos amis aussi longtemps qu'ils ont besoin de nous, mais seulement lorsqu'ils ont besoin de nous, car ensuite, hein, salut ! – on est bon pour le coup de pied au cul.

Aleixo était ravi, enchanté de la vie qu'il menait au grand air sur la corvette, estimé, choyé par tout l'équipage, envié par une demie douzaine de ses camarades. Rien ne lui manquait, absolument rien. Il était même une sorte de petit prince au milieu des autres, et le « chouchou » des officiers, qui l'appelaient « boy ». Prestement familiarisé avec cette existence errante, il ne fut pas long à perdre sa gaucherie, sa timidité première, et quiconque le voyait à présent aider, vif et leste, à la manœuvre, tout le jour impeccable dans ses vêtements blancs, le béret sur l'oreille et la chemise négligemment décolletée laissant voir le sillon du cou, ne pouvait qu'être charmé et se mettre à l'aimer. Cette métamorphose rapide et sans transition décelable était l'œuvre de Bom-Crioulo, dont les conseils n'avaient guère mis beaucoup de temps à triompher dans l'esprit du mousse et à insuffler dans son âme ingénue d'adolescent le désir de conquérir les sympathies et d'attirer l'attention sur sa personne.

Se targuant de connaître « le monde », Bom-Crioulo se mit tout d'abord en devoir de flatter la vanité d'Aleixo. Il lui offrit un petit miroir bon marché qu'il avait acheté lors d'une escale à Rio de Janeiro – « pour qu'il puisse voir comme il était joli ». Le garçon se regarda... et il sourit en baissant les yeux. Quoi, joli !... La tête, plutôt, d'un mouton sans cornes ! – Il n'en garda pas moins le petit accessoire qu'il rangea précautionneusement là où il roulait son couchage, comme on garde un objet précieux, et il prit l'habitude, chaque matin, d'aller s'examiner, une fois ses ablutions faites, en tirant la langue et en se regardant sur toutes les coutures.

Bom-Crioulo se fit son idée sur les résultats de l'expérience et il se mit dès lors en peine de parfaire « l'éducation » d'Aleixo. Il lui apprit comment faire un nœud de cravate (cravate, non, disait-il, cela ne s'appelle pas cravate, on dit *foulard*...) ; il lui conseilla de ne jamais enfoncer son béret droit sur le front : – Un marin doit porter son béret sur l'oreille, avec une certaine désinvolture...

Et la chemise ? – Oh, la chemise devait être un tantinet entrouverte pour montrer celle du dessous, la chemise de corps. L'habit fait le moine.

Le mousse enregistrait tout, comme l'aurait fait un fils des conseils de son père, sans s'interroger sur les raisons d'une telle sollicitude. Il voyait bien, lui-même, combien la tenue de certains marins, immondes vraiment, laissait à désirer et quelle odeur forte de sueur ils dégageaient, mais ils n'étaient pas la majorité. Et il y avait ceux qui parfumaient jusqu'à leur foulard et se gominaient les cheveux.

Le mousse, au bout de quelques jours, était complètement transformé et Bom-Crioulo le contemplait avec l'orgueil du maître qui se félicite des progrès de son disciple.

Un beau dimanche où tout l'équipage avait reçu ordre de se présenter en grand uniforme, conformément au règlement, Aleixo fut le dernier à apparaître sur le pont pour la revue. Il arriva, le béret sur l'oreille, le col bleu bien empesé, les godillots cirés de frais, ses pantalons larges impeccables, irréprochable dans sa blanche tenue d'été.

Pour Bom-Crioulo, qui se trouvait déjà en haut sur le pont, ce fut, lorsqu'il le vit dans cet apparat, un éblouissement et c'est tout juste s'il ne fit pas une sottise. Il n'aurait voulu là, devant la garnison au grand complet, qu'enlacer le petit, le dévorer de baisers, le presser sous lui de mille et une caresses. – C'est qu'il avait tout l'air d'une fille dans cet équipage. Il était même à croquer, disons-le ! Alors le petit miroir avait donc servi ?

Et fébrile, déguisant rapidement sa convoitise :

– Que te voilà joli !

Le gamin, loin de prendre la plaisanterie en mauvaise part, se contempla avec un sourire de la tête aux pieds, et sur un petit claquement de langue rejoignit les rangs sans proférer un mot.

Après quoi, une fois, lecture faite du Règlement, la revue terminée, Bom-Crioulo entraîna Aleixo à la proue, et ils engagèrent une longue conversation, un régal pour le Noir, à en juger par l'expression de plus en plus enflammée de sa physionomie.

La mer, à peine hérissée par un petit vent doux qui rendait la moiteur de la chaleur plus supportable, était relativement calme. Loin encore, vers le sud, et comme poussés par une même force, des nuages s'amoncelaient en nuées grises, basses sur l'horizon. Au-dessus, occupant tout l'hémisphère que le soleil incendiait, c'était l'azur clair et inchangé, l'éternel azur doux et transparent, infini, mystérieux... La goélette croisait sans doute à proximité du continent, car, à la ligne de l'horizon, on distinguait maintenant la voile triangulaire d'une *jangada* [1], incertaine et microscopique. Et on

1. *Jangada* : embarcation typique et légère, employée pour la pêche dans le nord-est du Brésil, ainsi appelée parce que faite généralement de six troncs équarris de jangadeira, rassemblés par de grosses chevilles de bois et surmontés d'une seule voile (N de T).

apercevait également, arrivant par tribord à bonne allure, la silhouette sombre d'un grand paquebot avec ses deux cheminées.

Bom-Crioulo et Aleixo bavardaient l'un à côté de l'autre, à l'ombre du grand foc, indifférents à l'animation des autres matelots, dont l'attention était tout entière mobilisée par le transatlantique. Tous, à l'exception des deux amis, étaient fort impatients de savoir de quelle nationalité était le navire. Les uns affirmaient, à cause de la taille, qu'il était anglais ; d'autres, pour avoir reconnu aux deux couleurs sur les cheminées une particularité des *Messageries Maritimes*, soutenaient que ce devait être ou *L'Equateur* ou *La Gironde* – l'un des deux. Les paris allaient bon train tandis que « le monstre » se rapprochait silencieusement et que la minuscule jangada s'évanouissait progressivement à l'horizon.

– Mais, écoute bien, méfie-toi de te laisser approcher par une autre personne, disait Bom-Crioulo. Rio de Janeiro est un repaire de démons... Si jamais je te prends avec quelqu'un, tu es prévenu...

Tout oreilles aux promesses de son compagnon, le gamin mâchonnait distraitement la pointe de son foulard d'indienne bleu-marine rayé de blanc, et c'est une vie de cocagne qu'il se représentait là-bas dans ce Rio de Janeiro si réputé, où il y avait une grande montagne appelée « Pão de Açucar » [1], et où l'Empereur vivait dans son palais, une très grande et belle maison aux murs recouverts d'or...

Autant de choses qui prenaient des proportions démesurées dans son imagination de marin à son premier voyage. Bom-Crioulo avait promis de l'emmener au théâtre et au Corcovado (une autre grande montagne d'où l'on avait vue sur la ville), à l'embouchure de Tijuca, à la promenade du Mail et il avait même suggéré qu'ils pourraient partager une chambre, Rue de la Miséricorde, une chambrette dans les

1. Le fameux « Pain de sucre » qui domine la baie de Rio de Janeiro (N de T).

quinze mille réis où tiendraient aisément deux petits lits de fer, ou même un seul, spacieux et confortable, le cas échéant... Lui, Bom-Crioulo, avec sa solde, se chargerait de tous les frais. La vie pourrait couler tranquille. Et s'ils réembarquaient sur le même navire, que souhaiter de plus ? Si, néanmoins, le sort les séparait, il y aurait toujours une solution. Rien n'est impossible sous le ciel.

– Et pas la peine de raconter ça à personne, conclut le Noir. Bouche cousue : laisse-moi faire, je m'en charge...

Juste à ce moment le transatlantique arrivait face à la corvette, et hissait à l'arrière le pavillon anglais, un grand fanion incarnat, tout en saluant de trois glapissements enroués le navire de guerre, dont le pavillon flottait également, or et vert [1], à la poupe.

Une foule de gens s'agitait à la proue du grand paquebot, des Italiens, très probablement, qui émigraient au Brésil. On distinguait nettement, sur la passerelle, le commandant, en uniforme blanc, un casque colonial sur le crâne, en train de chausser ses lunettes. De partout des mouchoirs saluaient en direction de la corvette, que le gros navire à présent laissait peu à peu derrière lui, superbe et lente, toutes ses voiles au vent.

Et le paquebot disparut comme une ombre, tandis que la corvette continuait seule sa route, lugubre et désolée, au milieu de l'océan. Les matelots s'étaient dispersés, retournés à leur labeur sur le tillac et les ponts inférieurs, en attendant le casse-croûte de quatre heures.

La masse impressionnante de nuages qui avait tout à l'heure surgi de loin là-bas, vers le sud, s'amoncelait maintenant de plus en plus proche, déployant dans le ciel d'étranges reliefs de la couleur du plomb annonciateurs de tempête, telle une énorme barrière qui se serait soudain dressée entre la corvette et l'horizon. Les rayons d'un soleil,

1. « Or » pour jaune et « vert », les couleurs du drapeau brésilien (N de T).

déjà à demi voilé, filtraient tristement à travers les nuages, s'irisant, comme une sorte d'auréole, d'une écharpe brillante et multicolore, qui tombait dans la mer.

L'averse était imminente.

– Au cacatois et au perroquet ! hurla l'officier de quart.

A sa voix, il se fit un mouvement général. Immédiatement, des coups de sifflet fusèrent et l'abri du pont s'emplit de matelots et d'officiers surgis des écoutilles en grand émoi, courant et se bousculant. La silhouette d'Agostinho, le maître d'équipage, se détachait, calme et solennelle, à la proue, surveillant le gréement.

– Carguez les perroquets et les cacatois !

De nouveau, les trilles des sifflets fusèrent désespérément pour accélérer la manœuvre ; des avalanches de matelots s'étaient précipitées, telle une horde sauvage, à bord et à tribord, pour haler les cordages, en rythmant du pied l'enroulement des poulies qui grinçaient comme l'essieu d'un char à bœuf dans la campagne.

– Maintenez le gouvernail ! encourageait l'officier emmitouflé jusqu'aux yeux dans son suroît imperméable.

Le ciel s'était complètement enténébré, et le vent, qui fraîchissait, sifflait sinistrement en rafales dans le gréement, avec la force colossale de titans invisibles. La mer et le ciel se confondaient dans l'obscurité, formant autour de la corvette une seule masse sombre qui la pressait de tout côté, à croire qu'elle allait disparaître engloutie corps et biens sous les eaux et les nuées... De grandes vagues roulaient altières, qui rugissaient sous la quille et dansaient à la proue une gigue effrayante et vertigineuse chaque fois que le navire plongeait, toute sa coque dans l'eau, au risque de se fendre par le milieu... Une pluie diluvienne inondait le pont, noyant les piles de filins et obligeant les marins, qui pateaugeaient au beau milieu de ce lavage inattendu et général du navire, à retrousser leurs pantalons.

La corvette, réduite à la hune et au mât de misaine, filait

maintenant sur l'océan, pareille à un simple yacht de plaisance, chevauchant légère et toutes ses voiles gonflées, la crête des vagues – sa ligne de flottaison au ras de l'eau...

Quelle fierté pour l'officier de quart ! Quelle aise, quel bien-être il ressentait en ce moment, trempé jusqu'au bout des pieds dans son ciré, calme à son poste, et conscient de ses responsabilités, veillant à ce que le navire ne dévie pas de sa route, tandis que ses congénères se reposaient dans le carré des officiers. De temps à autre il se retournait, une grande joie dans l'âme, pour regarder vers la proue et contempler le large sillage d'écume que la corvette laissait derrière elle. Il se sentait fort, se sentait homme ! – Décidément, se disait-il dans son for intérieur, décidément, la marine est l'école de courage par excellence !

L'averse dura une heure et demie, une pluie dense et insistante, qui cinglait dans le sens opposé à la course de la corvette et semblait ne devoir jamais s'arrêter. Le ciel s'ouvrit brusquement, bleu et clair, la lumière inonda de nouveau les horizons ; et peu à peu se dissipèrent les derniers vestiges de ce grain que le lieutenant Souza arrivé sur le pont pour prendre le quart dit n'avoir été qu'une « plaisanterie ».

Le vent, néanmoins, continuait de souffler ferme en psalmodiant tristement des plaintes de violoncelle géant et en fustigeant la surface de l'eau, en fouettant les filins, à coups de rafales qui faisaient trembler tout le navire.

Dix milles à l'heure, dix milles ! accusait le brave petit vaisseau.

– Attention au gouvernail !

Tandis que des marins balayaient le pont, d'autres passaient le faubert là où l'eau s'était déjà écoulée. Du pont supérieur, on entendait la voix des officiers qui bavardaient en fumant et riaient, installés dans un désordre indescriptible autour des pièces d'artillerie... Le commissaire, un long escogriffe avec des favoris, s'exerçait en dessous, dans le carré des officiers, à la clarinette, avec une patience admirable, arc-bouté au sol pour ne pas perdre l'équilibre. La pluie avait ragaillardi officiers et marins en les rafraîchissant et en leur dégourdissant les os.

Fatigué par la manœuvre, Bom-Crioulo était descendu se mettre à l'abri, et il bavardait lui aussi avec Aleixo, dont il ne se séparait plus désormais que pendant les heures de service.

L'humidité, le froid qui pénétrait par les écoutilles, cette atmosphère glaciale lui communiquait un besoin, un désir irrésistible d'amour physique et une folle excitation. Enlacé, une main sur son épaule, à Aleixo, qui ressentait à ce contact l'impression d'une caresse, dans une quasi étreinte, le Noir oubliait tout, les autres matelots et ce qui l'entourait, pour ne plus penser qu'au mousse, à son « beau petit » et à l'avenir de cette amitié inexplicable.

– Tu as dû avoir peur ?

– De quoi ?

– Du *temps*...

– Non, pas pour si peu.

Et Aleixo profita de l'occasion pour raconter ce qui lui était arrivé à Santa Catarina, un jour où le vent soufflait du sud : – Ils étaient sortis en barque son père et lui pour pêcher, vers midi. Et brusquement, le temps avait grossi, la mer s'était mise à moutonner très fort et le vent à cavaler... Que faire ? Ils étaient seuls, près du rivage de l'Ile aux Rats, dans une embarcation qui avait tout l'air d'une petite coque de noix. Le vieux, le malheureux, n'avait pas hésité une seconde, il avait forcé sur la rame : – Plaff, plaff !... Plaff, plaff !... – et hurlé : – « ... Accroche-toi, fiston ! ». Le vent, de plus en plus fort, leur cornait dans les oreilles comme le diable. Mais une rafale, tout à coup, un coup de vent épouvantable s'était abattu sur eux, et le temps pour lui de chercher à se retenir, trop tard : la barque avait chaviré.

Bom-Crioulo feignit une grande admiration :

– Chaviré ?

– Chaviré ! Comme je te le dis ! Je sais que j'ai touché le fond, puis j'suis remonté à la surface. Là, j'ai perdu connaissance... quand j'suis revenu à moi, Dieu soit loué, j'étais sain et sauf, sur la plage !

– Tu en as eu une chance ! dit le Noir, en manifestant un grand intérêt. Tu aurais pu mourir noyé...

À son tour Bom-Crioulo voulut raconter son histoire, et la conversation se prolongea, se prolongea, jusqu'au crépuscule, lorsque les matelots réapparurent sur le pont pour la distribution des tâches.

Le vent de sud-ouest, au lieu de mollir, continuait de souffler, violent et obstiné, avec une force accrue, menaçant d'emporter tout ce qui était voile et filin. La corvette, « cette vieille carcasse », comme tout le monde disait à bord, filait dans un vertige sur les eaux, tanguant régulièrement ou donnant par moments de la bande lorsqu'une vague arrivait plus forte, avec ses deux feux de couleur – le rouge à tribord et le vert à bâbord – et la petite lanterne du mât de misaine, minuscule et pâlotte, accrochée là-haut, au hauban du grand foc.

Elle cinglait, le vent en poupe, désespérément, toujours réduite à la hune et au mât de misaine, sombre silhouette, spectrale et silencieuse dans la nuit claire, en direction de la patrie.

Lentement, lentement, la lune avait surgi, brillante au début, puis progressivement froide, opalescente ; mélange de brume et de lumière et âme de la solitude, elle imprégna bientôt de mélancolie le vaste décor liquide, en diffusant sur la mer cette lumière veloutée, irréelle, qui pénètre le cœur des marins et leur communique la *saudade* sans fond de ceux qui vivent sur les océans.

Et le vent bien décidé à ne pas faiblir !

On ne tarderait guère, à cette allure, à toucher terre. Une affaire, peut-être, d'à peine une journée de plus...

Aussi longtemps que l'heure détestée du coucher officiel

annonçant le silence qui se prolongerait jusqu'aux premières lueurs de l'aube n'avait pas sonné, des matelots restaient se détendre à la proue. Ils chantaient avec plus ou moins de bonheur au son pleureur d'une guitare, et plaisantaient, ébauchaient des pas de danse, et c'était à qui improviserait le mieux un refrain ou « une chanson du sertão » en vers boiteux... – Il n'était pas question de se priver d'un pareil clair de lune. Ils avaient travaillé sans s'économiser : il leur fallait maintenant se distraire tout autant. Allongés sur le pont, certains le ventre à l'air, d'autres tête-bêche, le menton dans les mains – tel autre assis sagement ou encore tirant, jambes croisées, sur sa cigarette – ils formaient un grand cercle, libres comme l'air, autour de la dunette.

L'officier de quart les écoutait attendri, en faisant les cent pas, empli de commisération envers ces gens sans foyer ni famille, et qui pourtant chantaient, sans craindre la mort, laquelle, peut-être, les prendrait loin de toute affection et loin de la patrie, selon que le destin en aurait décidé. Ces refrains, aussi rudes et improvisés qu'ils fussent, sans rime ni tempo le plus souvent, n'en possédaient pas moins la saveur entêtante des fruits du pays et le charme étrange des confidences spontanées. Les entendre mettait un baume, comme si le cœur se dilatait dans un débordement de nostalgie réparatrice.

Laisse-les chanter, les pauvres marins, laisse-les, qu'ils oublient la vie incertaine qu'il leur faut mener – laisse-les chanter !...

La guitare se plaint et une âme geint à chaque reprise du refrain ; les chants résonnent comme un défi dans le silence infini de la nuit claire.

Le temps vole et nul ne se soucie de l'heure, nul n'a envie d'aller dormir ; de fermer les yeux sur le paysage translucide de ce clair de lune tropical, balayé par le vent du sud. Et quel mystérieux instrument que cette guitare, capable de faire oublier les amertumes de l'existence, et d'enivrer l'âme, de tonifier l'esprit !

Bom-Crioulo n'avait pas pris part à ce moment de détente. – Il en avait assez de ces veillées : il y avait beau temps que l'époque où il aimait lui aussi faire le joli cœur en dansant le *baião* [1] pour faire rire la compagnie, était passée.

Et lorsque la cloche, à la proue, sonna neuf heures, on le vit se faufiler, son couchage sous le bras, avec des manières de félin. Il se dépêchait, comme pour se dérober au regard des autres, sombre et muet, impénétrable... Il se jeta en bas par une écoutille et disparut dans le ventre du navire.

Que manigançait-il ? Un crime ? Une trahison ? – Non : Bom-Crioulo se préoccupait seulement d'aller se mettre au chaud comme n'importe quel autre mortel, et le plus confortablement possible. C'est que, parbleu ! il commençait là-haut à faire frisquet. En bas, il fait toujours un peu plus chaud. Mieux vaut prévenir que guérir...

Il ouvrit son couchage, le déplia, lissa le drap avec des précautions de femme, et retirant sa chemise de flanelle bleue d'un geste sec, s'allongea avec un profond soupir d'aise. – Ah, c'était tout ce qu'il lui fallait ! Bonne nuit !

Pas une voix ne rompait le silence réglementaire, si ce n'est, heure après heure, celle de l'officier :

– Navire en vue !

Il ventait encore très fort.

Le tillac, tout comme l'entrepont et le pont inférieur, présentait l'aspect d'un campement de nomades. Les matelots, engourdis par le travail, s'étaient écroulés dans un premier sommeil, disséminés ici et là à la belle étoile dans un désordre général, tels ces tsiganes qui ne choisissent pas où planter leur tente. Peu leur importaient les courants d'air et le plancher humide, les rhumes, le béribéri. En bas, l'en-

1. *Baião* : chant et danse du littoral et de l'arrière-pays (N de T).

combrement était encore plus grand. Les lits de toile fixés à des montants de fer suspendus les uns au-dessus des autres se balançaient, crasseux comme des torchons, dans la lumière blafarde et moribonde des lanternes. On aurait cru la cale d'un navire marchand convoyant la misère du monde. Dans les renfoncements, les espaces libres entre les canons, partout des corps remuaient, à demi-nus, méconnaissables dans l'obscurité. On respirait une odeur de basse-fosse, des relents âcres, nauséabonds, de sueur diluée dans l'urine et le goudron. Des Noirs, des métis, ronflaient profondément, la bouche ouverte, secoués, dans l'inconscience du sommeil de contorsions intermittentes. On distinguait des torses nus agrippés au pont, des spectacles inconvenants que la lumière blême ne manquait pas de souligner cruellement. De temps à autre une voix de somnambule se mettait à proférer des choses inintelligibles. A un moment un marin se dressa, nu comme un ver et les yeux hors de la tête, en hurlant, plein d'épouvante, qu'on voulait le tuer. Rien de plus, en fin de compte, qu'un pauvre diable en proie à un cauchemar. Puis tout retourna au silence.

Et lorsque d'heure en heure, imperturbable et vigilant sur sa passerelle, l'officier annonçait : – Navire en vue ! – un rapide remue-ménage suivait : le maître d'équipage sifflait pour réveiller les matelots de corvée : – A vos postes ! A vos postes ! Navire en vue !... – et les heures continuaient de défiler ainsi, de façon monotone.

Bom-Crioulo était de repos. Ses pensées ne s'étaient pas apaisées de toute la soirée, et il n'avait fait qu'échafauder mille et un stratagèmes susceptibles de l'emporter définitivement sur la résistance du mousse et de lui permettre, enfin, de satisfaire sa violente sensualité de mâle torturé par les appétits célébrés par les Grecs.

Il avait essayé à plusieurs reprises de sonder les dispositions du garçon, en cherchant à le convaincre, à stimuler ses réactions : mais le gamin faisait la sourde oreille et s'entêtait à repousser doucement, avec des réticences de jeune promise, certaines avances du Noir. – Laisse donc, Bom-Crioulo, tiens-toi tranquille !

Priape, ce jour-là, se fit le serment d'arriver à ses fins. Vaincre ou mourir ! – Ou le mousse se décidait ou c'en serait fait de leurs relations. Le temps était venu de résoudre « la chose ».

– Quelle chose ? s'enquit le garçon surpris.

– Rien ; tout ce que je veux c'est que tu ne te fâches pas contre moi.

Et, précipitamment :

– Où vas-tu dormir cette nuit ?

– Là en bas, à la proue, à l'abri du froid.

– Bien : il faut qu'on parle.

Et lorsque Bom-Crioulo, sur le coup de neuf heures, vit descendre Aleixo, il saisit son couchage et se précipita à la suite du mousse. C'est justement à ce moment-là qu'on l'avait vu se faufiler, son couchage sous le bras, avec des manières de félin...

Une fois installé à côté du mousse, la sauvagerie de ses appétits au contact de la chaleur et du doux frémissement de cette chair convoitée, et vierge d'attouchements impurs, laissa Bom-Crioulo totalement sans voix. Aucune clarté n'atteignait le renfoncement où ils s'étaient réfugiés, aucun des deux ne pouvait voir l'autre : mais ils se sentaient, se devinaient en dessous des couvertures.

Après un court silence plein de retenue, Bom-Crioulo, se glissant tout contre le mousse, lui dit quelque chose à l'oreille. Aleixo demeura immobile, sans respirer. Très intimidé, et ses paupières tombant d'un sommeil instinctif avec, dans son oreille collée au pont, le roulis des vagues contre la proue, il ne trouva pas le courage d'articuler un mot. Il vit, comme en rêve, défiler les mille et une promesses que lui avait faites Bom-Crioulo : la petite chambre de la rue de la Miséricorde, à Rio de Janeiro, les théâtres, les promenades,... il se souvint du châtiment que le Noir avait si vaillamment enduré à cause de lui ; mais il ne dit rien. Une sensation de bonheur infini se répandait dans tout son corps. Il commença à sentir dans son propre sang des élans jamais éprouvés, une sorte d'envie instinctive de céder aux caprices du Noir, de se laisser faire, quoi qu'il veuille de lui – un relâchement vague de tous ses nerfs, comme un vertige de passivité...

– Fais vite ! murmura-t-il précipitamment, en se retournant.

Et le délit contre nature fut consommé.

IV

Le jour s'était levé sous un soleil magnifique, chaud et lumineux, d'une transparence de cristal.

Tôt dès l'aube, avant même que s'éteigne la dernière étoile, la corvette « avait tiré des salves », et elle avait franchi la passe, toutes voiles affalées, mue par l'ancien système de ses très vieilles machines – une antiquité pratiquement inutilisable, qui crachait de la vapeur et menaçait à chaque instant de se disloquer sous les ratés de ce mécanisme séculaire.

Enfin, on arrivait !

Chacun à présent s'occupait de soi, de ses effets, des objets rapportés de ce long périple dans le sud, de ce maudit voyage qui semblait ne pas vouloir finir.

Le « Pão de Açucar », gardien de l'entrée du port, se dressait maintenant à bâbord, masse sombre, taillée à pic et battue par les vagues ; et plus loin, vers le sud, les hauteurs grisâtres de Gavea – dernière extrémité d'une sorte de cordillère primitive et grossière – barraient l'horizon.

– Et cette île, avec un point blanc ? demanda Aleixo, plein de curiosité.

Debout à côté de Bom-Crioulo, il contemplait, radieux, la côte fluminense [1].

---

1. *Fluminense* : l'adjectif désigne tout ce qui a trait à l'Etat de Rio de Janeiro (N de T).

– Cette île, c'est la Rasa, expliqua le Noir. Et cette chose blanche, tu vois bien, c'est le phare...

Et il se mit à décrire la partie du littoral qui s'étalait, incandescente et escarpée dans le grand soleil, rappelant les terres légendaires des Indiens Tamoïos et Caramurus... En face, l'étroite bande de sable grignotée par les vagues (et Bom-Crioulo tendit le bras par-dessus l'épaule du gamin), c'était Marambaïa. – « Et ce que tu vois, encore plus loin, un peu comme la fin d'une montagne, c'est Cabo Frio... »

Et il poursuivit, désignant tour à tour avec des exclamations de fierté chauvine les accidents de la passe, les édifices, les forts, qui se regardent, celui de S. João sur la hauteur, celui de Santa Cruz au ras de l'eau, avec leur artillerie muette, Praïa Vermelha, la plage encastrée entre les mornes, l'hospice, Botafogo. – Tout ce que tu vois là, disait-il, embrassant d'un geste large d'autres monts et d'autres maisons, tout ce que tu vois là, c'est la ville de Niteroï, tu en as sûrement entendu parler ?

– Non...

– Hé bien, c'est là.

Aleixo, à dire vrai, n'était pas autrement surpris. Né au bord de la mer, au pied d'une chaîne de montagnes, il restait de bois face à l'enthousiasme de Bom-Crioulo : il se faisait une autre idée de Rio de Janeiro !

– Mais ce que je te montre là, ce n'est pas encore la ville, petit crétin, expliquait le Noir. Tu n'as encore quasiment rien vu...

La corvette se rapprochait de Villegaignon...

Bom-Crioulo eut à peine le temps d'avertir le mousse : – « C'est là que j'ai débuté... », que ce dernier disparut, avalé par la cohue, parmi les autres matelots.

Il allait être midi. Des chaloupes, les yoles des bâtiments de guerre fendant la surface de l'eau de leur course légère d'*out-riggers*, se dirigeaient vers le fort. On entendait le battement régulier des avirons accompagnant leur course.

Des embarcations de commerce attendaient autour de la barge réservée aux bains. Des bacs traversaient la passe en sifflant. Des navires de guerre immobiles, à l'ancre dans la baie, lançaient des signaux, ils amenaient, ramenaient les couleurs. On distinguait au milieu d'eux, un grand cuirassé ventru, le pont très plat presque à fleur d'eau, arborant un pavillon bleu à l'extrémité du grand mât.

La corvette réduisit sa marche et elle poursuivit nonchalamment, dominant de son allure de navire antique et légendaire l'ensemble des embarcations qui stationnaient à l'entour.

Peu avant Villegaignon, elle s'arrêta en faisant une embardée presque imperceptible sur l'arrière : on entendit un grand plouf dans l'eau et aussitôt le bruit de câbles qui se déroulent et s'enfoncent à toute allure.

– Hé ! Dieu soit loué ! s'exclamèrent plusieurs voix en même temps, comme si elles s'étaient concertées pour manifester en chœur leur contentement.

Bom-Crioulo, cependant, commençait à ressentir les prémices d'une tristesse, chose qui ne lui arrivait que très rarement. Il se souvenait du grand large, de la première fois où il avait vu Aleixo, et il était préoccupé, soucieux, en pensant à la nouvelle vie qui l'attendait et à sa relation avec le mousse, au tour qu'allait prendre cet attachement, né pendant le voyage, et menacé à présent par les règles, les contraintes du métier militaire. Aleixo pouvait être muté sur une autre unité en moins de vingt-quatre heures. – Qui pouvait en outre l'assurer que lui-même, Bom-Crioulo, servirait encore sur la corvette... ?

Instinctivement, il cherchait le gamin du regard, il brûlait de ce désir avide de le voir, de l'avoir toujours auprès de lui, menant la même vie de travail et de discipline, grandissant à ses côtés comme un frère inséparable, et cher.

D'un autre côté, il était tranquille, car la plus grande

preuve d'amour, Aleixo la lui avait donnée sur une simple avance, un simple regard. Quoiqu'il leur advienne, il leur faudrait garder intact le souvenir de cette nuit glacée, passée endormis dans les bras l'un de l'autre sous le même drap, à la proue de la corvette, pareils à un couple de fiancés dans la ferveur brûlante des premières heures partagées.

Bom-Crioulo, lorsqu'il repensait à cette scène, se sentait balayé par une fièvre érotique extraordinaire, une vague de sensualité irrépressible... Il comprenait clairement à présent que ce qu'il avait vainement cherché du côté des femmes, il le rencontrerait seulement avec un homme.

Il n'avait jamais soupçonné abriter en lui une pareille anomalie, ne se souvenait pas s'être une fois dans sa vie interrogé sur ses prédispositions en matière de sexualité. Les femmes le désarmaient, c'est certain, par leurs façons de mener leurs affaires amoureuses comme un combat, mais il lui était tout autant impossible de concevoir ce commerce grossier entre individus du même sexe ; et pourtant, qui l'aurait cru ! sans qu'il s'en soit douté, sans qu'il l'ait le moins du monde prémédité, voilà que la chose lui arrivait. Et le plus curieux était que « cette chose », au grand dam de sa vertu, menaçait de prendre des proportions inattendues... Il n'y avait pas de solution, si ce n'est de la patience, puisque la « nature » lui imposait ce châtiment.

Tout bien réfléchi, il était adulte, il avait ses besoins comme tout un chacun, et il ne s'était pas épargné en se gardant vierge jusqu'à ses trente ans, vivant parfois des humiliations que personne ne soupçonnait et contraint bien souvent de commettre les excès que condamnent les médecins. De toute façon, sa conscience le disculpait, d'autant que les exemples ici même, à bord, ne manquaient pas, sans parler d'un certain officier dont on disait mille choses abominables concernant sa vie privée. Si les Blancs le faisaient, que ne pouvaient faire les Noirs ! C'est que tout le monde n'a pas la force de résister : la nature peut infiniment plus que la volonté humaine...

La manœuvre pour mettre les chaloupes à l'eau avait commencé, un travail assourdissant, un vacarme incessant de poulies et de filins, d'appels et de coups de sifflet, qui se confondaient dans un tintamarre de marché en plein air et résonnaient bruyamment dans le silence de la baie.

Un essaim de chaloupes s'agitaient autour de la corvette, des yoles et des baleinières chargées de dames et d'officiers de marine qui saluaient – ces derniers, gants blancs et l'épée au côté, l'air autoritaire dans leur uniforme de « cérémonie », se maintenant en équilibre à la proue avec la désinvolture naturelle propre aux hommes de la mer ; les dames, en *toilettes* [1] estivales, cramoisies dans le grand soleil.

Il y eut un moment de confusion générale, lorsque ce beau monde se précipita pour emprunter la passerelle d'embarquement et que tous voulurent la franchir en même temps, tandis que la visite sanitaire se présentait au loin. – Amarre ici ! criait une voix. – Largue le canot ! hurlait une autre. – Attention à l'arrière !

Personne dans ce tohu-bohu ne se comprenait.

L'ordre se rétablit néanmoins assez vite, toute cette effervescence s'apaisa et on entendit plus que la voix des matelots qui bavardaient entre eux. C'est alors qu'une chaloupe portant pavillon anglais vint se ranger contre la corvette, et un officier à cheveux roux, les favoris de même couleur, se présenta. Il ressemblait à s'y méprendre à l'empereur, Guillaume Ier, d'Allemagne. C'était le commandant de l'*Ironside*, une unité britannique. Il se hissa, austère et boutonné de pied en cap, et gravit rapidement, le pied sûr, sans se retourner, les degrés de la petite échelle.

Bom-Crioulo, qui en le voyant apparaître et sauter dans la chaloupe s'était penché au-dessus du bastingage, grom-

1. En français dans le texte.

mela entre ses dents : – Sale Anglais ! – et raide, outré, il porta ses yeux sur la mer étale... Il était là, enfin !, dans la baie de Rio de Janeiro, après six longs mois d'absence ! Il fallait absolument qu'il descende à terre régler cette affaire de la Rue de la Miséricorde avant que le mousse ne change d'idée ; et il avait également des achats à faire...

Mais l'ordre avait été donné de ne pas débarquer et Bom-Crioulo, comme tout l'équipage, passa l'après-midi entière à s'ennuyer ferme et à dodeliner du chef de fatigue et de sommeil, ou à faire des petits travaux de nettoyage. – Fichue vie à toujours trimer ! Et le temps était trop court pour qu'un pauvre matelot parvienne à exécuter tous les ordres. Bom-Crioulo aurait préféré ne rien exécuter du tout ! Mais sûr alors qu'on ne pouvait échapper au carcan, à moins d'être mis aussi sec aux fers... Ah ! fichue vie, fichue vie !... Esclave dans la plantation, esclave à bord, esclave partout et toujours... Et cela s'appelait servir la patrie !

La nuit tomba. Une nuit pleine d'étoiles et de silence, profondément calme, réparatrice. L'équipage de la corvette dormit huit heures d'affilée d'un merveilleux sommeil, à l'air libre sans être dérangé sur le pont dégagé.

Bom-Crioulo n'eut même pas une pensée pour Aleixo : il eût été bien incapable d'échanger un mot, il était éreinté, l'esprit vide, le corps moulu et réclamant son dû : sans plus le moindre courage pour le plus petit effort qui soit. Il avait travaillé comme une brute ; il était hors de question de résister à la fatigue. Il y a des moments où même les animaux s'écroulent, exténués. Il s'allongea dans un coin, à l'écart des autres, et s'endormit sur-le-champ d'un sommeil cataleptique.

A la première sonnerie de diane, il ouvrit les yeux et s'étira, puis, interloqué et se sentant trempé, « Oh ! » – fit-il. Il passa la main à l'endroit humide, se tâta, et il lui fallut bien constater, écœuré, plein de dégoût et d'indignation, le dommage qui s'était produit pendant son sommeil : un épanchement flagrant de liquide séminal, de ses forces procréatrices, bref : de vie ! Le sang était devenu matière. Si au moins il avait joui !... Mais il n'avait rien senti, même en rêve, absolument rien. Il avait dormi toute la nuit comme un porc, et le résultat s'étalait là, sur le drap – presqu'un ruisseau, gluant et prolifique !

Il se leva désespéré, maudissant la nature dans le langage graveleux des galériens, et s'empressa de rassembler tant bien que mal ses drap et couverture, comme s'il craignait qu'on accuse quelqu'un d'avoir « contribué » à cette misère.

Il entama la journée avec des airs de personne bien décidée à ne pas s'en faire, une expression d'exaspération sur le visage, et sans pratiquement desserrer les lèvres, sauf pour éructer, de la pire humeur : – qu'on ne l'approche pas, qu'on lui fiche la paix : il n'hésiterait pas à fendre le crâne à qui viendrait le charrier !

Les autres s'écrasaient, ils s'excusaient, faisaient tout pour l'amadouer, car ils savaient que « le Noir avait un grain ».

L'après-midi, pourtant, cet état d'énervement céda légèrement quand Aleixo vint lui demander avec un intérêt non déguisé et une voix d'une grande douceur, si lui, Bom-Crioulo, avait l'intention d'aller à terre.

– Pourquoi pas ? Vu que j'ai la permission en poche...

– Ah ! j'étais en train de me dire que t'avais oublié.

– Quoi, oublié ! Je te l'ai pas dit qu'il fallait dès aujourd'hui que nous installions notre nid ?

Et, la voix caressante :

– Je fais confiance à Dieu pour que nous l'étrennions avant la nuit...

Il manquait, malgré tout, la permission du mousse. Aleixo ne trouvait pas le courage d'aller demander qu'on le laissât descendre à terre, de peur d'un refus. Bom-Crioulo l'encouragea. – Ne sois pas idiot, dis-leur que tu ne feras qu'aller et venir, que c'est juste un instant, si ça ne marche pas on trouvera toujours quelque chose à raconter... Dis au second que tu as un parrain à terre, qui a de l'argent, quelque chose comme ça.

Aleixo prit son courage à deux mains et il réapparut presque aussitôt, radieux, avec un grand sourire et bondissant de joie :

– Comme quoi, rien ne sert autant que d'être joli garçon ! Même les officiers, ça leur plaît...

Mais Bom-Crioulo n'apprécia guère la plaisanterie. Il fusilla le gamin du regard – hum ! hum ! – comme s'il allait le foudroyer. Le mousse se reprit sans attendre. Je plaisantais, l'ami, je plaisantais... On n'avait donc pas le droit de s'amuser ?

– On ne joue pas avec ces choses-là, le réprimanda le Noir. Moi, quand j'aime quelqu'un, je l'aime pour la vie et tout est dit. Je t'ai déjà conseillé de faire attention à bien te comporter.

Ils s'habillèrent et déguerpirent aussitôt après la soupe, par la chaloupe de cinq heures.

– Nous allons d'abord avaler une gorgée de gnôle, dit Bom-Crioulo en sautant sur le quai Pharoux. Là, au kiosque, à deux pas... Faut qu'on se réchauffe les reins.

– Je n'ai pas envie.

– Il faut que tu boives, ne serait-ce qu'un verre de *Maduro* [1].

– *Maduro* ?

– Oui, *Maduro* : c'est une boisson des dieux.

L'horloge sur le quai marquait six heures moins le quart. La ville, immergée dans le crépuscule s'assoupissait lentement, glissait petit à petit dans un engourdissement de halle abandonnée, un silence funèbre de village perdu.

Les réverbères s'allumaient et les passants, Largo do Paço [2], se faisaient de plus en plus rares : un groupe ou un autre de

1. *Maduro* : boisson fermentée à base de miel et d'eau (N de T).

2. Aujourd'hui *Praça Quinze de Novembro*, en commémoration de la proclamation de la République, le 15 novembre 1889 (N de T).

retardataires, debout dans la pénombre, ou les derniers individus qui sautaient du tram, chargés de paquets, en face de la cahute où l'on vendait les billets pour le bac de Niteroï. La vieille demeure des Bragances, le sinistre édifice où, pendant près d'un siècle, la monarchie avait tant fait pour son renom, s'éteignait déserte et lugubre, fermée à cette heure-là.

Bom-Crioulo tourna à gauche sous les arcades reliant le Palais au Couvent des Carmes, et, bras dessus bras dessous avec le mousse, fumant un cigare qu'il avait acheté au Kiosque, il s'engagea rue de la Miséricorde.

Un peu plus haut, non loin de l'Arsenal, ils s'arrêtèrent devant un *sobrado* [1] d'aspect vétuste, avec des contrevents et deux balcons vermoulus au-dessus du rez-de-chaussée, et tout en haut, débordant du toit, une sorte de lucarne en piteux état, comme suspendue au-dessus de la rue. Dans le magasin du rez-de-chaussée, vivait une famille de Noirs originaires d'Angola ; juste à ce moment, on entendait un bruit de voix sortir de l'intérieur de ce petit bout de terre africaine.

– C'est ici, dit Bom-Crioulo reconnaissant la maison et il disparut dans le passage menant à la pension. Aleixo le suivait, morose et silencieux, rasant les murs, tel une personne qui entre pour la première fois dans un endroit étrange.

– Arrive, crétin, fit l'autre en lui prenant le bras. De quoi t'as peur ?...

Ils montèrent avec précaution à l'étage, par un escalier triste et désert, dont les marches, très raides, menaçaient de se dérober sous leurs pieds.

Le Noir tira le cordon qui pendait à la porte à clairevoie

1. *Sobrado* : c'est la maison à un, rarement plus de deux étages. Avec l'urbanisation, la désignation peut valoir plus que pour « maison bourgeoise » pour de très modestes pensions ou maisons de rapport (N de T).

et une sonnette résonna sourdement à l'intérieur, dans la salle à manger.

Personne ne se montra.

Bom-Crioulo tira de nouveau plus fort.

– Hé ! Qu'est-ce que c'est ?

– C'est moi, Dona Carolina : ayez la gentillesse...

– J'arrive !

Et l'instant d'après le Noir se précipitait dans les bras d'une forte femme entre deux âges, toute rebondie, il la serrait contre lui, la soulevait même, en dépit de toute sa graisse, avec la joie des retrouvailles après des mois d'absence.

– Qu'est-ce que tu me racontes, Bom-Crioulo ? Allez, entre... Et ce gamin, qui est-ce ?

– C'est justement à cause de lui que je suis là. Tout à l'heure, nous causerons.

– Et toi, mon beau mulâtre, comment vas-tu ? Dis-moi, raconte... Ça ! si j'avais su que c'était toi... Tiens, embrasse-moi encore une fois, allez !

Ils s'embrassèrent de nouveau, tout remués et riant aux éclats, elle toute ronde dans son tablier et les cheveux, séparés par une raie au milieu du crâne, serrés dans deux grandes nattes, Bom-Crioulo se confondant en amabilités, et répétant combien il la trouvait plus grosse, plus jolie, plus jeune...

Dona Carolina était Portugaise. Elle louait des chambres rue de la Miséricorde uniquement à des personnes d'une « certaine catégorie », des personnes qui ne se prenaient ni pour des sommités, ni pour des perfections, des garçons, par le fait, de bon aloi, et bons locataires, des pays ou de vieux amis... Elle ne s'arrêtait pas à la couleur de la peau et peu lui importaient la classe et le métier des gens. Marinier, matelot, soldat, vendeur de magasin, tout cela était pour elle du pareil au même : le traitement dont elle pouvait faire bénéficier un locataire, elle en faisait pareillement bénéficier les autres.

Elle vivait de ses chambres, de petits loyers au mois, à l'heure, à la semaine. Et, pourquoi le nier ? Elle avait son protecteur. Mais autonome et ne dépendant nullement des affaires que pouvait réaliser ce dernier, elle estimait indispensable d'assurer elle-même son gagne-pain, une occupation plus ou moins lucrative comme garantie pour les jours à venir. Un homme dans votre vie, mieux vaut ne pas s'y fier, un jour acquis à Dieu, le lendemain au diable...

Toute jeune encore, après ses vingt ans, elle avait ouvert une maison, rue de Lampadosa. Le bon temps ! l'argent entrait alors à flots, comme la lumière du jour, sans qu'elle en soit le moindrement gênée. Une fortune, des quantités de bijoux, d'or, de diamants. Elle était déjà bien en chair et les gens l'appelaient Carola-joli-cul, un surnom de très mauvais goût, bien dans la manière de la rue.

Un jour elle tomba malade, un accès sur tout le corps d'abcès et de vilaines plaies, dont elle crut ne jamais se défaire. Et de même que tout a un temps dans la vie, elle ne put se remettre à flots et dut, le sort s'acharnant, aller engager au Mont-de-piété ses bijoux et le reste, parce que plus personne ne la recherchait, que personne – pauvre chienne sans maître – ne voulait plus d'elle... Elle souffrit mille privations, alla jusqu'à remplir dans un théâtre les tâches les plus basses, jusqu'à faire le ménage. C'est alors que le destin, un jour de carnaval (qu'elle n'est pas près d'oublier !), consentit à lui sourire. Un club des plus modestes lui avança quelques billets de mille réis pour représenter Vénus sur un char. Ce fut un scandale : un « triomphe » – on lui jeta des fleurs, on l'applaudit à tout rompre, et on la couvrit de cadeaux : la fortune ! Pendant pratiquement toute une année, on ne parla plus que de Carola, des jambes de Carola, de la Portugaise de la rue do Nuncio.

La pauvre femme évoquait l'épisode en larmes, avec des

soupirs de regret, en répétant mélancolique : – Le bon temps ! Le bon temps !

Elle vécut ensuite par deux fois en concubinage, retomba malade, partit pour le Portugal ; elle revint au Brésil guérie et pleine de nouvelles ambitions, se remit avec un ami, et finalement, après avoir beaucoup souffert et beaucoup joui elle était là, mon bon, rue de la Miséricorde, occupée à se refaire en exploitant une humanité de petites gens, tandis que de son côté son « aigrefin » s'adonnait consciencieusement à des affaires plutôt louches de viande avariée et autres fournitures pour l'armée.

Du reste, cette alliance avec le boucher, un individu du nom de Bras, à la barbe prolifique et qui possédait beaucoup de biens, cette alliance ne lui rapportait pratiquement rien, car le drôle était marié et il se contentait d'apparaître d'un mois sur l'autre, pour lui donner – la viande qu'il lui faisait porter chaque jour mise à part – la bagatelle de cent cinquante mille réis, représentant le loyer de la pension.

– J'ai quarante ans d'expérience, quarante ans, protestait-elle, et quelques fils d'argent dans les cheveux. Et je connais ce vieux monde, mon très cher : tout cela pour moi n'est qu'une misère.

Elle était amie avec le Noir depuis le jour où par un hasard providentiel, et de façon totalement désintéressée, il lui avait évité – une histoire de voleurs – de périr « à la pointe du couteau »... De quoi baiser les pieds de Bom-Crioulo, car jamais de sa vie elle n'avait vu pareil courage et pareille générosité.

Aussi Dona Carolina ne perdait-elle pas une occasion de rappeler l'événement, elle le racontait avec force détails, le noircissant même de nuances qui rappelaient la palette de Rembrandt et, se confondant en louanges à l'adresse des gens de mer, vantant à tout vent « ces gars de la marine, bienfaiteurs de l'humanité ».

Un soir tard – rien que d'y repenser, elle avait la chair de poule ! – à l'instant exactement, où, rentrant de voir la pièce *Drame en haute mer*, qu'on donnait au Théâtre du Phénix, elle introduisait sa clef dans la serrure, elle avait été attaquée par deux individus qu'elle ne put identifier et qui lui intimèrent l'ordre de se dépouiller de ses bagues et de tout l'argent qu'elle pouvait avoir sur elle.

De fait, en plus de deux émeraudes et d'une bague de brillants, souvenirs de ses belles années, elle avait ce soir-là dans son sac quelque cinquante mille réis. Il était déjà minuit bien sonné et la rue de la Miséricorde était déserte autant qu'un cimetière. Pas le moindre garde dans les parages ! Elle voulut appeler au secours, mais les deux voyous s'empressèrent de lui exposer que si elle osait émettre un son, elle passerait dans la seconde de vie à trépas. Et de brandir leurs poignards, deux lames de bon acier, comme d'énormes couteaux ! Ah ! mais Dieu n'abandonne pas les siens : une grande silhouette, un marin, était tout à coup sorti de l'ombre. Elle se précipita vers lui en courant : Au secours ! Au secours ! Un véritable corps à corps avait suivi. Le marin bondit, évitant les poignards, et fondit, comme un sauvage, le couteau au poing, sur les deux énergumènes. Heureusement (la sagesse divine est immense), les fenêtres sur ses appels au secours s'étaient rapidement garnies de curieux, des coups de sifflets avaient retenti dans l'obscurité et la police était arrivée à temps pour s'emparer des deux hommes, déjà mis hors d'état de nuire par le marin tombé du ciel. – Toute personne dans la situation de Dona Carolina aurait fait ce qu'elle fit : elle ouvrit une bière pour son sauveur qui se présenta : Amaro, dit plus communément Bom-Crioulo, marin embarqué sur un navire de guerre. Et comme d'autres marins habitaient également dans la petite pension, Bom-Crioulo se fit connaître et une intimité s'installa bientôt entre elle, Carolina, et le Noir. Parole d'honneur, jamais elle n'avait vu autant de courage chez un homme !

C'est pour cela, parce qu'il n'avait pas froid aux yeux, qu'elle était en confiance avec le marin : un homme qui en valait quatre.

Bom-Crioulo se mit à fréquenter la maison de Dona Carolina d'où leur solide amitié « en tout bien tout honneur » : elle savait que le Noir n'était pas un homme attiré par les femmes.

– Allez, raconte-le-moi ce voyage !

Ils s'étaient assis, tous les trois, à la lumière de la lampe à gaz, dans la salle à manger. Dona Carolina, le souffle court, haletant quasiment tant elle était imposante, hochait la tête, impatiente d'entendre les nouvelles. Le Noir affalé familièrement, le dos au siège, son béret sur le crâne, finissait son cigare qui rougeoyait par instants d'un bel éclat chaud. Aleixo, immobile sur une chaise, examinait le papier peint, sur les murs, et les tableaux – des reproductions à l'huile, deux sur chaque mur, représentant des scènes d'alcôve – le buffet presque vide, et une collection de vignettes de boîtes d'allumettes disposées en éventail. Le tout vieux et mal entretenu, poussiéreux et sans couleur.

Bom-Crioulo résuma en peu de mots le périple de la corvette : – Six mois de stupidité ! Les petits instants de joie pendant le voyage de retour, il les devait tous à Aleixo.

Et il raconta l'histoire du mousse.

– A présent, Dona Carolina va nous tirer d'affaire : il nous faut une petite chambre, au besoin dans la soupente, dit-il pour terminer ; mais une chambre toute simple, pour lorsque nous viendrons à terre.

– Avec un lit ou deux ? s'enquit Dona Carolina, avec un sourire de femme avertie de la vie.

– A votre guise... Les marins sont des gens qui dorment à quatre, à cinq, et même à cinquante ! Si vous avez par là un grand lit...

– Je vais voir à me débrouiller, doux Jésus, je vais voir à me débrouiller, répondit la Portugaise. La petite mansarde sous le toit est inoccupée et, si vous voulez mon avis, je crois que vous serez plus à l'aise là-haut.

En sueur, et toujours de la même humeur réjouie et affairée, elle cligna de l'œil à l'adresse de Bom-Crioulo.

– Alors je vois déjà que te voilà changé... Un voyage béni ! Grâce à la mer ou à ces fameuses cantharides...

Ils éclatèrent de rire, complices, tandis qu'Aleixo, se penchant à la fenêtre, crachait en bas, sur le jardinet des Africains.

V

Dès la première nuit passée dans la mansarde, Bom-Crioulo éprouva une jouissance secrète. Une sorte de plaisir spirituel – un certain goût pour la vie recluse dans cette maison que presque personne ne fréquentait depuis quelque temps, et qui était son précieux repaire de marin en permission, le doux repos de son âme voluptueuse. Il ne pouvait rêver vie plus agréable ni refuge plus parfait ; le monde pour lui se résumait désormais à cela : une chambrette sous les toits, Aleixo et... rien d'autre ! Aussi longtemps que Dieu lui garderait bonne tête et bonne santé, il s'estimerait comblé.

La chambre était indépendante, une espèce de soupente avec une fenêtre donnant sur l'arrière, rongée par les termites et qui empestait l'acide phénique. C'est qu'un jeune homme, un Portugais nouvellement arrivé dans le pays, était mort dans la pièce de la fièvre jaune quelques jours plus tôt. Bien que se méfiant de ces fièvres inquiétantes, Bom-Crioulo ne se laissa pas impressionner, il fit tout au contraire pour oublier l'affaire et prendre définitivement possession des lieux. Tout l'argent qu'il récoltait, il l'employa pour acheter quelques meubles et nombre d'accessoires d'aspect rococo, des « statuettes », des petits objets sans valeur, sans compter ceux empruntés à bord... Bientôt rempli de toutes ces bricoles et d'un amoncellement de cartons vides, de coquillages grossiers et autres bibelots, le petit « logis » prit peu à peu des airs de bazar juif. Le lit était un « lit de sangle », déjà très usé, sur lequel Bom-Crioulo, chaque matin en se levant, prenait soin de jeter une grosse couverture rouge « pour cacher les taches ».

Il vécut là pendant des mois une vie calme, scrupuleusement réglée et extrêmement méthodique, exécutant son service à bord avec efficacité, et se rendant deux fois par semaine à terre en compagnie d'Aleixo, sans plus prêter le flanc à des protestations ou à des punitions. Les officiers eux-mêmes s'étonnaient de ses nouvelles façons et se félicitaient de sa conduite. « Cela ne va pas durer, insinuait le lieutenant de vaisseau Souza. Nous n'allons pas tarder à le retrouver pris de boisson et infernal comme devant. Je ne l'ai jamais connu que réfractaire à toute règle de vie. Aujourd'hui doux comme un agneau, redoutable demain comme une bête fauve. Bien dans les manières des Africains... »

Le mousse, quant à lui, vivait l'âme dans la joie perpétuelle de ceux qui n'ont aucun souci. A terre comme à bord, il n'y avait rien dont il puisse se plaindre : il vaquait toujours impeccable, jamais personne ne le surprenait affalé sur le pont ou s'affairant à la proue, barbouillé de goudron. Par chance, étant donné sa conduite, le second, reconnaissant en lui un garçon aux mœurs décentes, soigneux de sa personne, qui savait obéir et ne pas rechigner à l'ouvrage, l'avait promu au grade de quartier-maître. De sorte qu'il était rare de trouver Aleixo en compagnie des autres matelots. Il se tenait de préférence à l'arrière ou sur la passerelle, occupé à ravauder des pavillons ou à coudre des fanions : il se familiarisait avec les arcanes du métier. Il devisait parfois avec l'officier de quart, lui racontait des histoires de Santa Catarina, des événements survenus dans sa province, du temps où il était un simple fils de pêcheur, un pauvre gamin n'ayant jamais vu que son petit coin de terre au bord de l'eau. Les autres matelots le regardaient avec envie, en se poussant du coude avec malice. Un enseigne de vaisseau, un garçon de la meilleure éducation, un vrai démocrate, lui refilait de temps en temps de la menue monnaie, quelques petites pièces pour ses cigarettes. Aleixo s'empressait d'aller montrer à Bom-Crioulo l'argent que « son enseigne venait de lui donner ». Tous à bord lui faisaient fête ; même Agostinho, le maître d'équipage sec et mal embouché, le traitait bien, avec des gentillesses dans la voix. Une vie de coq en pâte !

A terre, dans la petite chambre de la rue de la Miséricorde, c'était le paradis ! – or sur azur. Ils prenaient leurs aises et restaient en sous-vêtements, le Noir et lui, sur le lit de sangle particulièrement frais par les fortes chaleurs, sans autre compagnie que la bouteille d'eau-de-vie, riant et bavardant librement tout leur soûl, sans que personne vienne les déranger – un tour de clef dans la serrure, pour plus de sûreté.

Une seule chose rebutait le mousse : les fantaisies libertines de l'autre. Car Bom-Crioulo ne se contentait pas de le posséder à n'importe quelle heure du jour ou de la nuit, il voulait beaucoup plus, il le contraignait à des excès, faisait d'Aleixo un esclave, une « fille de joie », tant il n'hésitait pas à proposer toutes les extravagances qui lui passaient par la tête. Dès la première nuit il exigea que le mousse se mette nu devant lui, nu comme un ver : il voulait voir ce corps...

Aleixo se fâcha : ce n'était pas là chose qu'on demande à un homme ! Tout, sauf ça ! Mais Bom-Crioulo insista. Il n'y avait pas de quoi en faire un plat : – ou on est ce qu'on est ou on ne l'est pas !... – Quelle sottise ! fit le mousse. Se mettre nu à présent devant Bom-Crioulo ! Il était clair qu'il avait honte.

– Honte de quoi ? répliqua l'autre. Tu n'es pas un homme comme moi ? Elle te vient d'où cette honte ?

– Sûr que si !...

– Alors, cesse tes simagrées, petit ! allons : déshabille-toi...

Il y avait de la lumière dans la chambre, une lumière blême, diffusée par ce qui restait d'une chandelle de suif.

– On ne voit rien... se plaignit Aleixo, les yeux secs.

– On verra toujours bien quelque chose...

Et le gamin se mit debout, lâche et soumis, à déboutonner sa chemise de flanelle, puis son pantalon, non sans déposer soigneusement ses vêtements, une pièce puis l'autre, sur le lit.

Le caprice de Bom-Crioulo était satisfait. Aleixo apparaissait soudain dans son exubérante et généreuse nudité d'une blancheur sans faille, ses formes presque féminines ressortant dans le clair-obscur de la chambre, dans la pénombre voluptueuse de ce sanctuaire, licencieux et secret, d'inavouables passions... Un beau spécimen d'éphèbe que la Grèce eût sans doute immortalisé en strophes limpides et en sculptures d'une facture sensuelle et vigoureuse. Sodome resurgissait dans une misérable et triste bicoque de la rue de la Miséricorde, où tout baignait, en cet instant, dans une douce quiétude de lointains confins.

– Regarde vite..., murmura le petit, se faisant ferme sur ses pieds.

Bom-Crioulo était en extase ! La blancheur laiteuse de cette chair jeune et pleine le faisait frissonner, elle lui ébranlait les nerfs de façon étrange, l'attirant comme un aimant, l'entêtant comme une boisson forte, lui faisant battre le cœur. Jamais il n'avait rencontré chez un homme des formes aussi bien tournées, de tels bras, des hanches pareilles, fermes et rebondies. Il ne manquait que les seins pour qu'Aleixo soit véritablement une femme !... Quelle beauté que ce décolleté, quel délice que ces épaules... Quel désespoir !

Des appétits de taureau en rut qui pressent la femelle rugissaient dans les entrailles du Noir. Il vibrait de la tête aux pieds, plongé dans la fascination païenne et idolâtre de cette nudité sensuelle comme si elle était un fétiche, un objet d'or, comme un artiste s'incline devant un chef-d'œuvre. Aussi fruste et ignorant qu'il fût, il n'en n'était pas moins ébranlé jusqu'au plus intime de son organisation nerveuse, jusqu'au plus enfoui de sa double nature, morale et physique, et dominé par une sorte de respect aveugle devant le mousse qui prenait à présent, à ses yeux de simple matelot, les proportions d'un être surnaturel.

– Ça suffit !... supplia Aleixo.

– Non, non ! Encore un peu...

Bom-Crioulo prit la chandelle et se rapprochant, toujours un peu tremblant, il poursuivit minutieusement l'examen du garçon : il lui palpait les chairs, vantait l'odeur de sa peau, au comble de la concupiscence, à l'extrême de la volupté, des étincelles de jouissance dans son regard.

– Ça suffit ! reprit Aleixo, à bout de patience, en soufflant la chandelle.

Suivit alors, dans l'obscurité, un léger duo de gémissements assourdis, et lorsque, triomphant une fois de plus, Bom-Crioulo craqua une allumette, c'est à peine s'il pouvait tenir sur ses pieds.

C'étaient là les « déplaisirs » d'Aleixo. Mais hors ces moments, la vie se déroulait pour lui, barque légère voguant sans incidents, de façon admirable...

Quant à Dona Carolina, elle le traitait avec tendresse de petit mignon : – « mon petit mignon », voilà comme elle disait, avec son accent péninsulaire [1] le plus enveloppant.

Elle lui trouvait une grâce sans pareille à ce petit bout d'homme, tout blanc dans son uniforme de marin, avec ses cheveux de soie toujours bien peignés, ses brodequins lustrés, et dont toute la personne sentait le parfum, comme une fillette en train de devenir femme.

---

1. *Péninsulaire*, c'est-à-dire portugais (N de T).

Le gamin, très accessible à tout, du moment que cela lui était doux, savait se montrer reconnaissant, il ne regagnait jamais la chambre sans d'abord donner le bonjour à la Portugaise, il se laissait cajoler, s'ouvrait à elle avec des sincérités candides.

Dona Carolina, Bom-Crioulo et lui formaient comme une petite famille, il n'y avait pas de secrets entre eux, ils s'estimaient mutuellement.

Comment rêver meilleure vie ? Loin des siens, sur une terre étrangère, il avait dans cette maison un véritable refuge, un paradis : l'amour et le bonheur...

Quelques jours après son arrivée à Rio de Janeiro, la corvette entra en cale.

Une fois asséché le grand bassin de granit ouvert à la pioche au cœur de la roche dure et résistante, large et profond comme une énorme fosse, les travaux commencèrent.

Un martèlement continu résonnait de façon titanesque à l'intérieur de ce caveau de pierre, comme dans une forge souterraine ; des ouvriers en manche de chemise reprenaient jour après jour leur même labeur infernal, calfeutrer la coque de la vieille « gabare », tandis que les marins travaillaient de l'autre côté à gratter les agrégats de moules qui pourrissaient sous la chaleur au fond de la cale sèche. L'odeur forte, là, en bas, des coquillages en décomposition prenait à la gorge et elle remontait, résistant à la potasse et l'acide phénique, telle les émanations d'une décharge.

Comme par un fait exprès on était en décembre, le mois des épidémies et des chaleurs intolérables.

On aurait dit que tous ces hommes, marins et ouvriers, ne possédaient pas d'appareil respiratoire, qu'ils n'avaient pas de poumons, tant ils étaient saturés de miasmes.

Ils s'activaient en chantant et martelaient en sifflant, avec une indifférence héroïque, sans se préoccuper du grand danger qui les menaçait.

La nuit, ou dès la tombée du jour, l'odeur pestillentielle

augmentait et il n'y avait plus alors de remède : l'équipage se précipitait dehors, comme une fourmilière en perdition, en se bouchant le nez :

– Vite ! Vite ! Gare à la fièvre jaune.

Navire en cale : marin à terre. Le service était réduit et la liberté plus grande : on pouvait se distraire, aller et venir à volonté parce que l'espace était plus vaste, toute une partie de l'île faisant office de pont. Et du « quartier » à terre, ce n'était qu'un saut de puce, car les navettes ne manquaient pas : des barques accostaient à quai sans arrêt et nombreuses : l'on vivait comme n'importe où ailleurs.

Et de temps à autre : – « M'sieur l'officier permet que j'aille à l'hôpital, voir un camarade ? – Va, mais ne t'attarde pas... »

L'hôpital était situé dans le haut de l'île, sur une éminence à laquelle on accédait par une route en lacets. Tous les après-midi, aux alentours de quatre heures, une procession de marins montait lentement dans cette direction : ceux qui allaient rendre visite aux camarades et ceux, en convalescence, convoqués pour une visite de contrôle.

Bom-Crioulo multipliait désormais ses allées et venues à terre. Diligent, assidu au travail, il ne refusait jamais de faire ce qu'on lui demandait et remplissait ses obligations avec la même patience qu'autrefois, lorsque l'espoir d'une vie meilleure à venir lui souriait : il se réhabilitait à vue d'œil, se rachetait de toutes les incartades dont il s'était rendu coupable pendant le voyage. Le second lui accordait certains avantages, en insistant pour qu'il « fasse attention » et « se garde de boire plus que de raison ».

Tout matelot travailleur et discipliné avait en cet officier un ami, un véritable père : la seule affaire était de marcher droit, « de se comporter en personne responsable ».

Et Bom-Crioulo, qui l'avait compris, faisait son possible pour ne pas le mécontenter, travaillant autant et aussi longtemps que l'exigeait le service, de bon gré et l'air heureux, puisqu'il savait pouvoir se rendre à terre.

Un jour sur deux, il se retrouvait dans sa chambre de la rue de la Miséricorde, libre, entièrement libre de toute contrainte, de toute contrariété, et son temps entièrement consacré au repos.

Il n'oubliait pas de siffler sa petite dose de « cognac brésilien », mais il savait se mesurer et éviter les excès. Sa vie était d'ailleurs si paisible, et l'existence coulait pour lui si douce, si agréable, que cela lui faisait presque un drôle d'effet.

Il s'était étonné ces derniers temps de constater qu'il maigrissait, il éprouvait, même parfois dans la poitrine, des signes avant-coureurs de faiblesse. Dès qu'il travaillait dur ou faisait un effort particulier, une somnolence, un besoin de s'étirer de tous ses membres dans un lit moelleux s'emparait de lui : un relâchement de tous les nerfs... Ses camarades eux-mêmes avaient remarqué un certain changement dans sa physionomie : – T'es bien maigre, ô, Bom-Crioulo ! Qu'est-ce qui t'arrive, que diable ?

– Maigre, moi ?... Et il se passait la main sur le visage pour s'examiner. Je serais malade ?

– Allons avoue, une mulâtresse ?

– Mulâtresse, mon c... !

Un jour il consulta le mousse :

– Tu trouves que je maigris ?

Aleixo fut lui aussi d'avis que « oui », mais « c'était peu de chose ».

Bom-Crioulo n'en tint pas compte, il continua à mener sa même vie rangée, l'esprit en paix, tantôt à bord, tantôt à terre, regardant Aleixo grandir à ses côtés, l'accompagnant dans le développement prématuré de sa virilité, dans l'éclosion de ce second âge de son existence, ainsi qu'on étudie l'évolution d'une fleur peu commune.

Son amitié pour le mousse était déjà moins ardente, moins lubrique : elle s'était métamorphosée en un sentiment mesuré, un attachement normal, sans les emportements fanatiques ni les emballements d'amant passionné des premiers temps.

Une année ou presque de vie commune avait suffi pour qu'il s'identifie complètement à Aleixo, pour qu'il parvienne à le connaître, et la conviction que le mousse ne le trahirait pas, qu'il ne céderait pas à la « furia » sauvage d'un lascar quelconque, la certitude que l'autre le respectait, l'entretenait dans cette tranquillité confiante de mari comblé, de capitaliste avisé qui garde son argent avec des soins jaloux.

Ces onze mois s'écoulèrent sans que le fil tenace de cette amitié étrange, cultivée dans la mansarde de la rue de la Miséricorde, ait à souffrir la plus légère entorse. Les deux marins vivaient l'un pour l'autre : ils se complétaient.

– Vous allez finir par faire des enfants, les plaisantait Dona Carolina.

Jamais elle n'avait vu deux hommes s'aimer à ce point ! – Bom-Crioulo n'était pas fou du tout... Plus fou était celui qui se fiait à lui...

Et le Noir souriait suffisant, de toutes ses dents d'ivoire, quelque peu tranchantes, comme des dents de requin.

La corvette était sortie de cale, et elle était allée s'amarrer à une bouée derrière les hauteurs de S. Bento, en face exactement de l'Arsenal.

C'était de toute façon beaucoup plus près de la terre ferme qu'au mouillage, au milieu de la baie avec les autres navires de guerre, où les hommes n'avaient pas de liberté.

Mais Bom-Crioulo apprit un jour avec stupéfaction qu'on venait de le désigner pour servir sur un autre navire – un bâtiment en acier, célèbre pour sa salle des machines et son formidable équipement de guerre, qui faisaient de ce cuirassé l'un des plus puissants du monde.

Bom-Crioulo tomba de haut : – « ... putain de sort ! On ne vous laissait même pas le temps de bien connaître votre unité : aujourd'hui tel embarquement, demain tel autre... Vraiment c'était se moquer ! »

Et ficelant, très en colère, son sac de marin :

– C'est pour ça qu'un marin n'y met pas du sien, c'est pour ça !

Tandis que les autres continuaient de se la couler douce et de vaquer tranquilles sur le pont du navire, on le mutait, lui, et pas un autre, sur le cuirassé – sur ce monstre, ce diable d'acier, sans Aleixo, son cher Aleixo, uniquement parce qu'il était un bon élément... Il avait vécu tous ces mois, là, à bord de la corvette avec le petit, et voilà que brusquement, sans rime ni raison : – Vindieu !... Ce n'était que méchanceté !

Mais Dieu est grand ! s'encourageait Bom-Crioulo. Dieu sait ce qu'il fait – lui-même n'avait aucun pouvoir, sinon celui d'obéir comme toujours sans rien dire, car marin et nègre captif c'était en fin de compte bonnet blanc, blanc bonnet.

Le mousse, résigné, le consolait : patience, l'ami, ce n'était tout de même pas la fin du monde. Ils continueraient toujours à se voir, que diable ! C'est bien en prévision de cette éventualité qu'ils avaient loué une chambre : il leur serait toujours possible, un jour oui, un jour non, de se retrouver à terre...

– Et gare, quand je n'y serai pas, si tu te laisses approcher... prévint le Noir.

Le désir, la jalousie renaissaient ; cette séparation brusque et inattendue le désorientait, elle ravivait en lui un égoïsme exacerbé, une méfiance diffuse concernant l'avenir. – Le mousse, il est vrai, n'était plus enfant au point de se laisser abuser. Mais, qui l'assurait que le garçon n'allait pas se prendre d'intérêt, de passion pour un joli petit officier, et alors, c'en serait fini de Bom-Crioulo !...

L'esprit plein d'appréhensions et le regard triste, le visage chagrin, il serra son cher Aleixo contre sa poitrine, et, sans proférer un mot, muré dans sa tristesse, tel un prisonnier qui quitte une prison pour entrer dans une autre, il vit les mâts de la corvette et la silhouette du mousse qui lui faisait signe de loin, disparaître entre chien et loup, dans l'ombre brumeuse et crépusculaire, comme sa nostalgie.

Le cuirassé se dressait là-bas, à l'abri de l'île, attendant la marée, solennel et puissant, avec son bel aspect de casemate flottante, superbe, impressionnant.

– Rame toute, il est tard !

Et, sans le savoir, la petite embarcation, menée vigoureusement, laissa bientôt loin derrière elle l'âme tendre et dolente de Bom-Crioulo.

VI

Le lendemain, Aleixo trouva la porte de la chambre fermée – Oh ! Bom-Crioulo n'était donc pas descendu à terre comme il l'avait promis. – Les contraintes du service, se dit Aleixo. La discipline sur le cuirassé était différente ; le second, un homme féroce, ne jurait que par la cravache ou le carcan. Il était rudement mieux, lui, sur la vieille et frêle corvette !

Il ouvrit la fenêtre pour avoir plus de lumière et commença à se déshabiller en chantonnant, le regard perdu sur le ciel immobile... Là, dehors, l'azur éblouissait, la chaleur incendiait. Il n'y avait pas un souffle d'air. Le soleil de deux heures de l'après-midi tombait à l'oblique, torrentiel et triomphal, allumant des reflets sur les toits, pulvérisant sur les fenêtres au loin des chrysolithes d'un éclat rare... Une opulence de lumière comme il n'avait jamais vue !

Aleixo se déshabilla et, s'installant confortablement sur le vieux lit de sangle, il alluma une première cigarette. – Attendons ! Quelle fournaise !...

Il allait se reposer un moment, attendre Bom-Crioulo en faisant une petite sieste jusqu'à cinq heures. Il avait quitté le navire tôt, le matin, ainsi qu'ils en avaient décidé avec le Noir, et il ne pouvait rien faire de plus à présent que de prendre patience dans cette étuve, cette hébétude. Enfin, comme il avait été de quart la nuit précédente, peut-être, il verrait bien, allait-il réussir à s'endormir.

Il n'arriva pas au bout de sa cigarette de la pire qualité que Bom-Crioulo avait oubliée sur la petite table, et qui se défit entre ses doigts maladroits – quel goût abominable ont les fumeurs ! Pouah ! Décidément il ne s'habituait pas à la fumée. Il attrapait tout de suite mal à la tête...

Il se mit à regarder autour de lui, le plafond, les murs, et sur l'un d'eux un portrait de l'Empereur, à l'encre déjà passée qu'ils avaient trouvé à la première page d'un journal illustré et mis dans un cadre de bambou. Il examina attentivement la petite chambre et les meubles – une table et les deux chaises – comme s'il découvrait des pièces de musée.

Il s'endormit au moment exactement où en bas, au premier étage, deux heures sonnaient à l'horloge de Dona Carolina.

Aleixo se réveilla en sursaut dans un bain de sueur, la langue sèche, l'estomac barbouillé, et s'étira longuement en roulant sur les côtés, comme s'il avait dormi toute une nuit.

Le soleil avait quelque peu cédé, et déjà, rompant, haut dans le ciel, la monotonie du bleu, on voyait se former les premiers nuages. – Personne ! Diable de contretemps ! Bom-Crioulo, c'est sûr, n'allait plus venir !

Ce n'était pas tant, du reste, que le Noir lui manquât, il l'appréciait, c'est vrai, mais cette amitié n'était pas pour lui d'une importance telle qu'il ne puisse un jour reprendre sa liberté.

Cette idée fit mouche en lui, comme l'aurait fait un bon souvenir, ou comme si on lui inoculait dans le sang un fluide revigorant. Il pouvait rencontrer quelqu'un, un homme avec de l'argent, occupant un certain rang... Pourquoi pas, maintenant qu'il s'était habitué à « ça ». Bom-Crioulo ne lui avait-il pas dit lui-même que ce genre de choses, on pouvait les vivre à Rio de Janeiro en toute tranquillité ? Oui, qu'avait-il à attendre de Bom-Crioulo ? Rien, et pourtant, sacrifiant son corps, sa santé, sa jeunesse, il restait... Vraiment, cela n'en valait pas la peine !

Il sauta du lit et s'habilla lentement en sifflotant, avec dans la tête les mêmes idées. – Il était excédé, excédé : il avait grand besoin de changer de vie...

– Vous permettez ?

– Oh ! madame...

C'était la Portugaise : elle n'avait pas encore vu « son petit mignon », et elle en était toute mortifiée :

– Bom-Crioulo n'est pas venu aujourd'hui ?

Non, il n'était pas venu. Et Aleixo raconta à Dona Carolina le passage du Noir sur le cuirassé et la consternation de Bom-Crioulo, la dure vie de travail qui l'attendait.

– Le pauvre, compatit Dona Carolina. Mais il pourra toujours venir à terre...

– Oui, pourquoi pas ? Mais ce ne sera plus aussi souvent que lorsqu'il était sur la corvette...

– Le pauvre !...

– Vous avez une chaise, là, offrit Aleixo. Pourquoi ne pas vous asseoir ?

– Quelle chaleur, non ? répondit la femme en s'asseyant. Nous allons avoir la pluie.

Et sans attendre, pleine de curiosité :

– Vous alliez sortir ?

– Je vais faire un tour. Je me suis tellement ennuyé toute la journée...

– C'est qu'il manque, hein, le Noir ? insista la Portugaise avec un petit rire, en s'éventant avec son tablier.

Elle était assise, très rouge, son corsage défait, les pieds nus dans des sabots recouverts de grosse toile, qu'elle utilisait également pour battre le linge dans le lavoir.

– Non, dit Aleixo, une note de mépris dans la voix. Je commence même à en avoir assez...

– Oh ! déjà ?... C'est bien tôt, mon garçon.

Et, fraternelle :

– C'est que c'est une brave créature, le malheureux. Parfois, il me fait peine.

– Parce que vous ne savez pas à qui vous avez affaire... Brave, oui, mais quand il se fâche, Jésus ! C'est à vous faire peur.

– Vraiment ?

– Et comment...

– Hé bien, mon garçon, si je vous disais que je ne l'ai jamais vu fâché, moi, Bom-Crioulo...

– Une bête sauvage !

Devant le miroir, Aleixo achevait sa *toilette*. Ses cheveux lisses et gominés brillaient d'un fugitif éclat de soie. Il portait la raie du côté droit, la coiffure ramenée de l'autre côté sur le front, presque jusqu'aux sourcils. C'était l'une de ses grandes préoccupations – être toujours bien coiffé, les cheveux humectés. Le travail que cela lui demandait ! Il lui fallait s'y reprendre un nombre de fois considérable avant d'ajuster finalement, après une foule de tentatives, lentement son béret, de la façon la plus seyante.

– Ça y est ! dit-il en rectifiant une dernière fois son béret.

– C'est un plaisir de voir un marin comme vous le félicita la femme, en se levant pour rajuster son col qui s'était replié. J'ai horreur des hommes qui ne sont pas soignés.

Et se plaçant, les mains sur les hanches, les bras en arc de cercle, devant le mousse :

– Mais c'est qu'il est joli comme un cœur, le petit drôle ! Je parie que vous voilà fin prêt pour aller voir une fille, Largo du Rocio !

Jetant un dernier coup d'œil dans le miroir, l'adolescent esquissa un sourire figé.

– Qu'est-ce que vous imaginez là ! Je m'en vais seulement jusqu'au Jardin Public ; je serai de retour pour neuf heures, au plus tard.

– Et on ne m'invite pas ?

– Ça vous dirait ? Venez !

– Non, merci ; profitez bien et rentrez sagement, c'est tout ce que je demande...

Ils sortirent de la pièce.

– Mais, écoutez, dit encore résolument Dona Carolina, sur le palier. Il faut que je vous parle : ne soyez pas trop long.

– Pourquoi pas tout de suite ?

– Non, non : quand vous reviendrez ; je préfère que nous bavardions avec du temps devant nous.

– Comme vous voulez... Je reviens vite ! A tout à l'heure !

– A tout de suite.

Et plus fort, du haut de l'escalier, tandis que le mousse disparaissait dans le couloir :

– Et sage hein ! ?

Le soir tombait : il devait être un peu plus de six heures. Il y avait déjà de la lumière dans la rue. La chaleur persistait, l'air oppressait, un air sans oxygène, lourd, asphyxiant.

La Portugaise descendit le petit escalier de la mansarde, qui craquait sous son poids, et elle alla allumer le gaz dans sa salle à manger, en chantant, pleine d'entrain, un petit air sentimental de son pays, la voix languide et légèrement tremblante.

Elle s'était mis en tête, tout récemment, une folie : conquérir Aleixo, le joli mousse, se l'attacher et le prendre pour elle, en faire le petit amant de son cœur usé et vieilli, vivre avec lui une relation cachée et lui donner tout ce dont il pourrait avoir besoin, vêtements, chaussures, et à déjeuner, à dîner ses jours de congé – tout, en un mot : lui donner tout...

C'était une lubie comme une autre : elle en avait sa claque d'avoir à supporter des lascars. Elle voulait voir maintenant ce qu'il en serait avec un jouvenceau, un garçon imberbe, qui ferait ses quatre volontés. Personne pour un pareil rôle de mieux indiqué qu'Aleixo, dont la beauté l'avait impressionnée « dès la première fois » qu'ils s'étaient vus. Aleixo tombait vraiment à pic : beau, fort, puceau peut-être...

Elle s'arrangerait parfaitement sans que Bom-Crioulo en sache rien. Mais comment parler au mousse, comment lui proposer l'affaire ? Il pouvait s'offusquer, et un scandale pouvait s'ensuivre.

Le mieux était de lui faire comprendre petit à petit qu'elle le trouvait à son goût, en s'offrant peu à peu à lui, en l'excitant.

D'autres plus âgées se vantaient de leurs succès, pourquoi elle, avec ses trente-huit ans, n'aurait-elle plus droit au plaisir ? Sottises ! Une femme reste toujours une femme et un homme toujours un homme.

Elle se regarda dans la glace et constata que réellement elle « pouvait encore servir » – Vieille ? Allons donc !... pas une patte d'oie, pas même une ride – c'était cela être vieille ? Evidemment non ! Quant à l'âge, personne n'avait besoin d'être au courant. Ce qui comptait c'était le visage, le corps... Trêve d'hésitations !

Elle commença par se montrer très tendre envers l'adolescent, à mettre de côté pour lui des douceurs, des friandises, à repasser elle-même ses mouchoirs, et à lui faire mille compliments devant des étrangers, à feindre la distraction lorsque, volontairement, elle exhibait en sa présence – une jambe, un bras, un sein – l'exubérance de ses chairs. Aleixo l'avait vue une fois alors qu'elle était sur son lit, en camisole, les jambes découvertes ; cela parce que le logement de la Portugaise donnait sur le couloir et qu'elle avait ce jour-là totalement oublié de fermer la porte. Le mousse, plein de respect, avait rapidement détourné les yeux comme pour éviter une profanation ; mais lorsque, par la suite, il lui était arrivé de se souvenir de l'incident, il avait chaque fois éprouvé des frissons voluptueux, et il n'avait pu éviter une certaine faiblesse, un chavirement accompagné d'une érection nerveuse...

Cette scène de l'alcôve n'était plus sortie de son esprit : une femme couchée, les jambes nues, duveteuses et charnues – dans un négligé irrésistible, les bras à l'air, les cheveux défaits. Ce devait être extraordinaire de dormir dans les bras d'une femme ! Et la Portugaise n'avait en rien le genre d'une mère poule...

Aleixo n'en demeurait pas moins à cent lieues de soupçonner que Dona Carolina, cette Dona Carolina, tendre et bienveillante, qui le traitait comme un fils, avait le projet de faire de lui son amant.

Jamais pareille idée ne lui serait passée par la tête. Il la voyait recevoir des hommes dans sa chambre, il était au courant des visites du boucher, mais tout cela se passait avec des individus dûment nantis d'une barbe ou qui se rasaient ; ce qui semblait impossible, il n'y pensait même pas, c'est que Dona Carolina puisse avoir des visées sur un garçon de son âge, presque un enfant.

– Voilà ! fit-il en rentrant du Jardin Public.

Dona Carolina était encore assise dans la salle à manger, occupée à lire les annonces du *Jornal do Comércio.*

– Oh ! vous avez fait vite ! s'exclama-t-elle en se relevant. Venez-là, dans ma chambre il fait plus frais...

La chambre de Dona Carolina se trouvait exactement sous la mansarde, mais elle donnait sur la rue, une grande chambre de femme célibataire, où trônait un lit à deux places avec des oreillers de dentelle.

– Vous vous êtes bien amusé ?

– Comme ça ! J'ai juste fait un aller retour.

– A cause de moi ?

– Non, c'est le Jardin qui ne m'a pas plu... Presque personne.

Aleixo s'arrêta sur le seuil de la chambre comme s'il avait peur d'entrer.

– Entrez, entre mon petit, c'est chez nous ici ; ici c'est le chez-soi de ta gentille Portugaise, tu ne vois pas ?

Et, toute frémissante, comme il ne l'avait encore jamais vue, elle se précipita pour ouvrir les fenêtres qui donnaient sur la rue de la Miséricorde.

Elle avait profité de la promenade du garçon pour faire une nouvelle *toilette*, elle s'était coiffée, avait changé de vêtements, échangé ses sabots contre des sandales du plus beau rouge et elle avait mis ses bagues, les fameuses bagues qu'on avait voulu lui voler : elle s'était transformée du tout au tout.

– Assieds-toi, petit, ne sois pas si sot !

Aleixo s'assit très embarrassé, avec un air de collégien pénétrant pour la première fois dans un drôle d'endroit. Il habitait dans cette maison depuis un an et c'est seulement maintenant qu'il entrait là, dans la chambre de la Portugaise.

– Quelle jolie chambre !

– Quoi, jolie ? ô petit, tu plaisantes, non ? dit la femme en se haussant sur la pointe des pieds pour allumer le gaz. C'est toi qui es joli, toi qui es un beau petit...

– Dona Carolina adore me faire marcher !

La Portugaise s'asseyant également, rouge de chaleur, lui passa alors la main dans les cheveux :

– Hé bien, voilà, ma fleur : ce que j'avais à dire c'est que je suis amoureuse de toi...

– Ça !...

– Je parle sérieusement ; et ne va pas maintenant raconter à Bom-Crioulo que je veux lui prendre son ami... Fais attention, que le Noir est bien capable de m'étrangler.

– Voilà déjà Dona Carolina avec ses plaisanteries...

– Ce ne sont pas des plaisanteries, petit, pas le moins du monde, répondit la femme, prenant l'air sérieux. Je veux qu'aujourd'hui, aujourd'hui au moins, tu dormes ici avec ta vieille...

Et elle se laissa aller de tout son poids sur l'épaule d'Aleixo, avec une tendresse feinte de toute jeune femme.

L'adolescent, plein de pudeur, recroquevillé sur sa chaise, détournait les yeux de ceux de la Portugaise, un sourire fixe sur sa bouche ombrée d'une promesse de duvet, sans articuler un mot.

Le contact de sa jambe contre celle de la Portugaise lui procurait une curieuse tiédeur, un trouble de l'âme, une vague, délicieuse mollesse au fond de l'être, et un étrange sentiment d'aise.

Il n'eût tenu qu'à lui, il serait resté à jouir ainsi, éternellement, dans cette position, de l'ascendant magnétique sans cesse plus fort exercé par ce corps de femme sur ses nerfs d'adolescent.

Dona Carolina se serrait de plus en plus contre lui, elle l'étreignait maintenant dans un grand élan d'ivresse lubrique, en femme usée, que raniment de nouvelles sensations.

– Tu ne peux pas refuser, dit-elle, enlaçant le genou d'Aleixo avec sa jambe.

Et l'enveloppant totalement de son vaste corps de solide Portugaise :

– Dis un peu : tu restes ou non ?

L'adolescent eut un sursaut de taurillon excité, et, tout tremblant à présent, s'agrippant des deux mains à sa chaise, tandis que le sang affluait à son visage :

– Je reste !

La femme alors, avec une fougue animale, comme si on venait d'ouvrir pour elle le jardin des délices, mordit le mousse à la joue et, le soulevant par les hanches, le regard étincelant et le visage congestionné, elle le déposa sur le lit.

– Viens-là, mon jasmin de serre, viens-là ! Tu vas voir ce que c'est qu'une Portugaise au sang chaud. Laisse-là ta chasteté, allons, viens !...

Elle ferma la porte et se mit à se déshabiller à toute allure devant Aleixo, tandis que celui-ci se laissait faire, immobile, et stupéfait, face à cette femme énergique qui voulait le déflorer, honteusement, comme un animal.

– Allez, mon petit nigaud, déshabille-toi aussi : viens apprendre avec ta vieille... Allez, que je suis comme une braise !...

Aleixo n'avait plus le temps de rassembler ses idées. Dona Carolina, qui se transfigurait à vue d'œil, s'était emparée de lui.

Elle, si douce, si mesurée, si scrupuleuse même, lui faisait maintenant l'effet d'une énorme bête, pleine de sensualité, comme une vache, dans les champs, qui accourt, terriblement excitée, vers le mâle, avant que celui-ci soit prêt pour la saillie.

Il n'en croyait pas ses yeux !

Il ne manquait plus à Dona Carolina que de se mettre à pousser des cris !

Et sa stupéfaction augmenta encore quand, arrachant sa chemise trempée de sueur, elle se jeta haletante sur le lit, en maintenant des deux mains ses seins qui débordaient, un éclat singulier dans ses yeux couleur de basilic.

Mais Alexio savait, depuis Bom-Crioulo, où peut conduire l'animalité humaine, et, passé le premier moment de surprise, il sentit qu'il était lui aussi fait de nerfs et de chair, tout comme le Noir et Dona Carolina : – Une nuit comme celle-là ne se refusait pas.

Il se réveilla tôt, avec l'aurore. Il voulait profiter de la chaloupe du ravitaillement pour aller à bord.

La Portugaise se leva, et elle fit le café dans la chambre, pour ne réveiller personne, exultant, joyeuse, comme une fiancée !

Dieu merci, elle était fort bien conservée et loin d'être aussi vieille qu'elle le pensait, elle avait encore les forces qu'il faut, oh combien ! pour faire rendre grâces à plus d'un homme robuste.

– Et tu le sais maintenant, mon petit cœur : lorsque le

Noir ne viendra pas à terre, une petite visite à Carola. Je veux qu'à partir d'aujourd'hui tu m'appelles Carola, tu m'entends ? C'est plus gentil entre personnes qui se plaisent... Carola et Mon Mignon, voilà comment il faut nous traiter.

Le jour commençait à se lever lorsque le mousse, encore tout étourdi de sommeil et les yeux à peine ouverts, sortit, le pas léger, et descendit en direction du quai dos Mineiros. Il était très pâle, avec de grands cernes, et se répétait machinalement : – Si Bom-Crioulo savait !... tandis que ses pensées le ramenaient à la petite pension de la rue de la Miséricorde, où Dona Carolina était en train de s'ébattre sous une merveilleuse douche froide.

Si je pouvais ne plus jamais, mais jamais ! revoir ce Noir, ah ! qu'est-ce que je serais content ! réfléchissait le mousse en rejoignant un groupe de marins qui attendaient pour embarquer sur le quai.

Et la silhouette de sa Portugaise toute ronde et rieuse, avec ses grosses hanches, ses dents très blanches et son visage en feu, continuait à tournoyer comme dans un rêve dans son imagination possédée.

VII

Bom-Crioulo n'était pas satisfait sur le cuirassé, cette formidable prison d'acier, qui dévorait tout son temps et dont la discipline – un travail épouvantable – l'empêchait d'aller à terre tous les deux jours, comme sur les autres navires. Ah ! mille fois, mille fois la corvette ! Au moins on avait sa liberté. Séparé désormais d'Aleixo et vivant les jours au milieu de gens inconnus et sans chaleur, c'est avec tristesse qu'il se souvenait de la belle vie qu'ils avaient menée le mousse et lui : presque toute une année de paix et de bonheur !... Le dicton était bien vrai : il n'y a bien qui dure...

Il nourrissait une haine croissante envers ses supérieurs : Tous les mêmes ! des califes ! qui, des pauvres marins, faisaient des ânes... Personne ne prenait la peine de les écouter. Il était surtout révolté contre l'Amirauté qui l'avait muté sur le cuirassé. Il se sentait de taille à remonter jusqu'au ministre pour lui raconter toute une histoire et réclamer, même à genoux, un autre embarquement. Et si on ne voulait pas l'entendre, il était bien décidé à se faire porter malade ou à déserter et à s'enfuir de par le monde avec le mousse. Ils joueraient à la fille de l'air ! Bom-Crioulo avait le sang chaud, et il était homme à se débrouiller seul dans un désert... – « ... chienne de vie !... »

Dès le premier jour, il eut la mauvaise surprise de devoir rester à bord. Son nom avait été signalé à l'officier en second par une communication particulière : – « Surveiller Amaro (Bom-Crioulo) de près. C'est un élément irréprochable quand il ne boit pas, mais lorsqu'il a un verre dans le nez, il fait un raffut du diable ». Un préjugé joua aussitôt contre lui dans le cercle des officiers.

– Mieux vaut ne pas le laisser aller à terre trop souvent. Un homme de ce genre peut effrayer les gens !

Et il fut décidé que Bom-Crioulo n'aurait de permission qu'une fois par mois. Le premier jour passa, le second, le troisième. Le quatrième était un samedi.

– Mon commandant, faudrait que j'aille à terre, implora le Noir au garde-à-vous, en faisant le salut militaire.

– C'est trop tôt, grommela l'officier, sans lui donner plus d'attention. Quand ce sera ton tour je te le dirai.

– Mais mon commandant...

– J'ai dit, fiche-moi la paix !

Bom-Crioulo se retira sans protester, les yeux à terre, en mordillant sa lèvre inférieure. Il était plein d'une colère muette, ruminant sa vengeance. – Ah ! c'était comme ça ? se disait-il un moment après à la proue, c'était comme ça ? Hé bien, il allait leur faire voir !

Et le lendemain matin il alla demander au maître d'équipage de le prendre comme rameur sur la chaloupe qui faisait le ravitaillement. Il embarqua, sans que personne remarque son stratagème, et s'en fut de la sorte à l'aviron, le béret enfoncé sur le front, raide et fort sérieux sur son banc.

Le dimanche s'éveillait, splendide et paresseux, dans un superbe déploiement de bleu, transparent et frais. Les montagnes autour de la baie, la chaîne des Orgues, le « Pão de Açucar », et au-delà, sans un flocon de nuage pour le coiffer, le Corcovado, se découpaient dans l'air limpide et calme, communiquant au regard une douce impression d'aquarelle.

Une matinée rêvée pour une partie sur l'eau ! La

silhouette d'un vapeur sortant de la passe, s'éloignait, impassible et mystérieuse. Le mât du château de poupe envoyait des signaux. les grands bateaux de guerre, immobiles et solennels semblaient être encore en train de dormir.

Le jour se levait...

– Lève rame ! ordonna le patron de la chaloupe. On accostait. Les matelots levèrent leurs rames, tous en même temps, et les calèrent rapidement, en faisant les mêmes gestes, à l'intérieur de l'embarcation.

La distance jusqu'au marché était peu de chose. Des chaloupes appartenant à d'autres navires avaient déjà commencé à accoster. Peu à peu, la clarté augmentait... La place, cependant, était encore presque déserte ; un portefaix ou un autre, un homme de peine, flânaient autour des kiosques.

Bom-Crioulo sauta à terre, sous prétexte d'un « achat à faire », en promettant de revenir à l'instant.

– Juste un saut...

Il se glissa dans le jardin qui décorait la place et, aussitôt hors de la vue de ses camarades, hâtant le pas et maugréant de vagues jurons auxquels personne ne prêtait attention, il prit la direction de la rue de la Miséricorde. La porte de la pension était fermée. Il frappa. Dona Carolina ronflait. Il frappa de nouveau, impatient, en donnant de grands coups dans la porte.

Le commis de la boulangerie apparut, en face, sur le seuil, pour voir qui frappait avec un tel désespoir.

– Qui fallait-il que ce soit ? Un Noir !...

Finalement quelqu'un vint ouvrir : un individu obèse, avec une longue barbe et une tête peu recommandable, son pantalon retenu par des bretelles. Il s'écarta pour laisser passer Bom-Crioulo.

– Bonjour !

– Bonjour ! retourna le barbu.

– Qui est-ce ? demanda à l'étage la voix étouffée de la Portugaise.

– C'est moi, Dona Carolina ; excusez le dérangement.

– Ah ! c'est Bom-Crioulo ! Allons, quel dérangement ! Si tôt dans le coin ? On ne vous voit plus !... La clef est sur le clou...

– Merci...

Et la seconde d'après, Bom-Crioulo avait ouvert grand la petite fenêtre de la mansarde et il s'étirait, le visage offert à la fraîcheur matinale : – On allait voir maintenant s'ils sauraient l'arracher d'ici ! Les fumiers ! Il était chez lui, et bien à l'abri. Il n'était pas une bête de somme !...

Il se souvint du mousse : – Aleixo pensait-il encore à lui ? C'est que vous êtes vite en ce monde, le dindon de la farce... Une personne, plus vous vous attachez à elle, plus elle vous traite par le mépris. Ça il le savait.

Il ouvrit un à un les tiroirs de la table, inspecta les meubles, fourragea dans les papiers, examina le lit, palpant, flairant, dessus, dedans, comme quelqu'un qui cherche quelque chose... La bouteille d'huile n'était pas à sa place sur l'étagère et elle avait été lavée ; dans la carafe d'Eau *Florida* qu'il avait laissée pleine jusqu'au goulot, il ne restait qu'à peine la hauteur de six doigts ; la boîte de cirage traînait par terre, au pied du lavabo en fonte, et le plancher était un immondice de mégots et de crachats.

– Je me fais mon idée !... marmonnait Bom-Crioulo évaluant le désordre qu'il reconnaissait bien. Je me fais mon idée !...

Au même moment, le carillon de S. José se mit à jouer *Les Cloches de Corneville* et, égrenant dans l'air, tel un délicat instrument de cristal, les notes claires de la musique d'Offenbach, il emplit l'espace d'une joyeuse alacrité... Instinctivement, le marin se mit à fredonner le vieil air d'opéra.

Au fond, il se sentait bien et d'humeur gaie, avec des élans de gamin en veine de facéties, comme un oiseau sorti de cage... Il en restait presque étonné. Il y avait longtemps qu'il ne s'était pas senti aussi dispos !

Le portrait de l'Empereur lui souriait avec indulgence dans sa barbe de patriarche. C'était son homme. Il n'était pas de l'avis de ces fameux « républicains » qui parlaient mal du vieux et l'accusaient de faire du sentiment lorsqu'il disait aimer le peuple.

Il alluma une cigarette et s'allongea sur le lit.

– Ah ! ça c'était autre chose ! qu'on ne lui parle plus de navires de guerre : il préférait son lit, ses aises, et ne rien faire.

Un rayon de soleil entrait maintenant par la fenêtre, et les cloches continuaient d'égrener leur interminable carillon matinal :

Dling, dling, dling,
Dling, dling, dong !

– Bom-Crioulo ! ô Bom-Crioulo !

– Ah !... Quoi ? qu'est-ce qu'il y a ?

– Réveille-toi, camarade, debout ! il va être midi !

– Midi ?

– Oui, tu ne vois pas comme le soleil est déjà haut ?

Dona Carolina voyant combien le marin tardait à descendre, était montée le réveiller. Amaro dormait profondément, écrasé sur le lit, la bouche ouverte et le béret sur les yeux, un filet de bave en travers du menton... Ses bras pendaient dans un abandon de cadavre. La femme, en entrant dans la chambre, eut un mouvement de recul. – Jésus ! Mais il est mort ? Le Noir, pourtant, ronflait paisiblement. – Quelle peur ! Elle s'approcha timidement pour ne pas le faire sursauter, et Bom-Crioulo ouvrant les yeux, la découvrit devant lui, ronde et rieuse, et toute habillée de neuf dans son blanc tablier.

– Debout, paresseux ! fit-elle en tapant du plat de la

main sur la cuisse du Noir. Allez, lève-toi, ce n'est pas une heure pour dormir.

Bom-Crioulo se redressa lentement, et, se nettoyant le menton avec sa manche, les yeux rouges et le corps moulu, un goût bizarre dans la bouche, s'informa de l'heure.

– Alors, qu'est-ce qui t'arrive ?

– Il y a que je me suis tiré, dit le marin en s'étirant des deux bras et en bâillant généreusement, avec le plus grand naturel. – Je suis venu avec la chaloupe du ravitaillement, et je suis là sans permission.

– Quelle folie, mon garçon ! Ils sont capables de t'envoyer prendre...

– ... Qu'ils aillent se faire foutre ! Je ne suis pas leur esclave. Je me tire autant de fois que ça me dit ; personne ne va me l'interdire...

– Modère-toi, Bom-Crioulo. Faut y aller doucement...

– Doucement, l'amie, doucement, et quoi encore ! Depuis que je suis sur ce navire je n'ai pas eu une permission. Ça aussi c'est trop !

– Allons, mon garçon, patience ! Dieu ne te laissera pas tomber.

– Je connais l'histoire : fais confiance à la Vierge et tout ira bien...

– Vous êtes bien tous pareils, fit la Portugaise de guerre lasse, en regardant le portrait de l'Empereur comme si elle le découvrait pour la première fois.

– Une chose, reprit Bom-Crioulo : Aleixo n'est pas venu à terre ?

– Il est venu jeudi, si je ne me trompe...

Et l'autre comptant sur ses doigts :

– Jeudi, vendredi, samedi, dimanche : c'était son jour hier...

– Vous ne faites plus maintenant que vous croiser. Ça ne va pas.

– Voyons, reprit la femme. Tu veux manger quelque chose ou tu as déjà déjeuné ?

– Rien de ça. Je vais casser une croûte là, en bas, au bistrot.

– Fais-le toi livrer.

– Non, merci, je vais faire un tour, me dégourdir les jambes, j'ai besoin d'exercice.

– Attention ! Si tu tombes sur un officier...

Et se dirigeant vers le petit escalier :

– Bon, j'étais juste venue te réveiller. A tantôt !

– ... tantôt, commère. Alors le petit n'est venu qu'une fois, hein ?

– Une petite fois, le pauvre...

Bom-Crioulo, resté seul, continua, assis à la table, la mine défaite, et se curant machinalement les ongles avec une allumette, de penser au mousse. – Sûr que « ça » n'allait pas... Il fallait prendre une décision : ou laisser tomber Aleixo, en finir une fois pour toutes, et rester à bord, ou alors se mettre avec une fille de couleur, comme lui, et se ranger. Il maigrissait pour un oui ou pour un non, il ne mangeait plus, n'avait plus de repos, il allait finir par s'affaiblir, par attraper une maladie, à cause de ce « petit monsieur » d'Aleixo. Si au moins il pouvait encore le voir chaque jour, comme sur la corvette... mais de cette façon, loin l'un de l'autre ? Non, ça n'en valait pas la peine, c'était tomber dans le ridicule.

Et, attrapant son béret, l'air exaspéré :

– Pour l'heure, suffit ! faudra que je résolve ça ce soir ou demain.

Il claqua la porte, donna un tour de clef dans la serrure, et se jeta dehors en se palpant les poches, comme un désespéré.

Dona Carolina était chez elle, en train d'étendre un peu de linge dans la buanderie, mais elle ne se montra pas.

Dehors, les pavés miroitaient dans la lumière zénithale de la mi-journée. Tout à côté, devant le petit caboulot du coin, il y avait foule, un attroupement, et les gens qui passaient avaient plutôt l'air de badauds, de curieux. Les habitants du quartier tendaient le cou, penchés à leurs fenêtres, une interrogation dans le regard. Un capitaine de pompiers remonta au pas de course en direction de l'endroit où se pressait la foule. Des voyageurs se levaient dans les trams pour voir. Le boulanger, en manche de chemise, s'avança sur sa porte, un crayon derrière l'oreille, en traînant les pieds.

Bom-Crioulo imagina aussitôt qu'il devait s'agir d'une empoignade, d'une altercation quelconque, et, se frayant un passage, il se précipita en avant de tous. C'était un individu qui se roulait par terre, pris du haut-mal, dans des convulsions épouvantables ; il bavait, la barbe pleine de sable et du sang sur le visage.

Il était tombé brusquement, en sortant du débit de boisson.

– Il a bu beaucoup de *cachaça* [1], commentait le cabaretier consterné. Si j'avais su, je ne l'aurais pas servi.

Deux gendarmes essayèrent de soulever l'homme en le prenant sous les bras, mais ils ne purent y arriver. – Rien à faire, l'animal pesait du plomb.

– Attendez, attendez ! bondit Bom-Crioulo. Vous ne savez pas y faire.

Les badauds reculèrent et, stupéfaits, ils virent le Noir soulever l'homme de ses deux mains et l'emmener sur son épaule en direction de l'Hôtel-Dieu, sans plus d'effort que s'il transportait un enfant.

Cela lui avait fait de la peine de voir ce malheureux se débattre ainsi par terre au milieu de la rue, en se contorsionnant comme un animal sans maître sous les yeux des gens.

---

1. *Cachaça* : eau-de-vie de canne à sucre (N de T).

Il était bouleversé, avait le cœur serré. C'était peut-être, le malheureux, un père de famille, ou quelque pauvre hère... Une horreur, ce haut-mal ! Une autre fois déjà il avait sauvé une femme complètement ivre, à deux doigts de passer sous un tram !

Et le Portugais du débit de boisson, le boulanger, les gendarmes, un docteur qui passait par là, le boucher du bas de la rue, tous s'extasiaient sur la poigne du Noir.

– « Oui, Monsieur, une force à faire avancer un âne ! – Ces gens de mer sont des hommes dangereux ! – Deux gendarmes n'ont pas réussi à soulever le type et le Noir à lui seul a pu y arriver ! – Ah ! la marine c'est la marine !...

Un soldat, qui se trouvait là, protesta :

– Non, monsieur, non, ce n'était pas exactement comme ça. Là comme ailleurs, il y a du menu fretin. Dans l'armée aussi il y avait des hommes de cette force, de même que dans la marine également on trouvait des gens faibles, des mauviettes.

Personne ne fit de commentaire, et l'attroupement se dispersa petit à petit. Il ne resta bientôt plus qu'un groupe de deux ou trois personnes en train de bavarder.

Bom-Crioulo réapparut presque aussitôt de son pas large, en moulinant des bras, son béret de travers comme à l'accoutumée, le visage radieux. – L'homme, à dire vrai, pesait son petit poids, mais que deux gendarmes n'en soient pas venus à bout, quelle honte ! Deux gendarmes, rendez-vous compte !

Et, s'adressant au cabaretier :

– Une rasade, s'il vous plaît...

Le Portugais, très aimable, remplit le verre à ras bords sans quitter le Noir des yeux – Oui, une honte pour le Brésil, murmura-til avec un sourire. Au Portugal...

Bom-Crioulo toussa, cracha, et vidant son verre d'un trait : – Pouah !... fit-il avec dégoût. – Peste, c'est tout comme avaler du feu !

Il défit les pointes du mouchoir où il avait l'habitude de garder sa monnaie – un triste mouchoir tout chiffonné, avec des dessins sur les bords.

– Mes derniers sous ! tout ce qui me reste de la solde, de notre misérable petite solde... Heureusement je n'ai pas à me restreindre ! Aussi longtemps qu'il y aura au monde une Portugaise appelée Carolina...

Le cabaretier cligna de l'œil : – Ahn, ahn... C'est qu'il avait belle mine, hein ?

– Que voulez-vous, mon ami, c'est la vie...

Il se sentait la tête très faible, légère ; une gorgée d'eau-de-vie, une dose d'alcool insignifiante, un petit vin, lui faisaient aussitôt des yeux de braise et lui montaient à la tête, le déséquilibraient, et quand, à l'occasion, il faisait la fête et buvait un coup de trop, Dieu du ciel ! plus personne ne pouvait le maîtriser : il redoublait de force, ne connaissait plus ses amis, s'en prenait à l'humanité entière, brandissait le poing, faisait des moulinets avec son béret, gigotait dans tous les sens – menaçant, terrifiant !

Il semblait bien que ce jour-là Bom-Crioulo ait résolu de se soûler. Peu après avoir avalé sa *cachaça* et déjà passablement ivre, les épaules raides pour dissimuler son peu de résistance, mais la vue des plus floues et un goût aigre sur la langue, il quitta le débit de boisson pour aller errer sans but aux alentours du quai Pharoux. Il allait triste, péniblement, avec l'impression de voir les maisons défiler en double, comme un manège, autour de sa tête. Il se retenait aux murs en monologuant des choses incompréhensibles, d'ores et déjà tout à fait « parti ».

Ses idées s'embrouillaient, troubles, désordonnées, comme chez les gens qui perdent la raison ; les objets commençaient à lui paraître inquiétants, et il avait envie de faire ces choses qu'on ne fait pas, de s'asseoir sur la chaussée , au milieu de la rue, et de se mettre à proférer des horreurs, la bouche grande ouverte, comme les déments.

– Il faut que je retourne à bord, il le faut, et tout de suite, marmonnait-il. Que je leur fasse voir à cette racaille ! J'y vais parce que je veux, parce que j'suis libre !

Et se frappant la poitrine avec force :

– ... putain de sort... ! J'ai sauvé un homme du haut-mal, j'ai fait la charité, ils peuvent toujours parler à présent ! La nuit, le papegai n'a pas d'œil, comme disait not'commandant... j'sais déjà plus son nom...

Il était deux heures de l'après-midi. Les boutiques avaient fermé ; les magasins, les entrepôts à bois, et tous les commerces dans la torpeur dominicale, à l'exception de quelques cafés, avaient descendu leurs rideaux de fer.

Des passants isolés circulaient lentement sous le soleil de plomb, de cette démarche paresseuse du bétail, lorsqu'il rentre le soir silencieux, méditatif, pour se mettre à l'abri...

Bom-Crioulo avait descendu la rue en chancelant et en zigzaguant, sans faire attention à personne. Mais au moment où il débouchait Largo do Paço, un chien errant se mit à aboyer et à vouloir se jeter sur lui et lui barrer le passage. D'autres chiens arrivèrent, une véritable meute, qui se joignirent au premier et ce fut très vite un boucan infernal autour du Noir, un vacarme assourdissant et de plus en plus insoutenable. Des gamins excitaient les chiens en sifflant, en poussant des cris. Tout ce tapage alerta les dockers, quelques Portugais qui traînaient encore sur le quai – Or ça ! mais qui donc, qui cela pouvait-il être ?... Ce matelot, bien sûr ! ce colosse, le Noir !

Bom-Crioulo, cependant, poursuivait son chemin tant bien que mal, en s'efforçant de se tenir droit et de chasser les chiens en leur jetant des pierres, tout en débitant les pires injures.

On le vit se diriger vers le quai.

– Ô de la chaloupe ! hurla-t-il, avisant une petite unité de la marine de guerre, immobile au large, sous les rames.

Personne ne répondit.

La mer était calme. L'eau miroitait comme de l'acier poli. L'air suffoquait.

En face, au loin, dans Niteroï, on distinguait la tour d'une église, toute petite et blanche, effilée comme une obélisque.

Des barques flottaient, débâchées, amarrées les unes aux autres, sur l'étroite langue de mer entre les pontons réservés au mouillage, paisibles et endormies.

– Ô de la chaloupe ! – hurla encore le Noir.

L'embarcation ne bougeait pas : à croire qu'il n'y avait personne à bord. Les marins faisaient semblant d'être occupés à autre chose.

– Bande d'imbéciles ! Amenez-moi cette saleté à quai !

Et brandissant le poing de façon menaçante, il se mit à débiter une litanie d'injures, de grossièretés de corps de garde, obscènes, immondes, à l'adresse de ses camarades, bramant à tue-tête « qu'il était libre, qu'ils allaient voir, que ça n'allait pas se passer comme ça !... »

– Vermines ! Je me passerai de vous ! Je me passerai de vous !

Et, se retournant, il toisa un Portugais qui riait benoîtement à deux pas de lui, une rame à la main.

– Et toi pareil, le *galego* [1] ; tu rigoles, mais méfie-toi, que t'as pas encore tâté de mon poing ! fit Bom-Crioulo, en écartant l'homme d'une bourrade.

Le visage du Portugais devint gris : il dévisagea le Noir de haut en bas, sans dire un mot.

– Et t'as pas à me regarder, non mais ! Méfie-toi, je te dis, que tu vas boire la tasse !

– Va-t-en, brave homme ! Passe ton chemin !... murmura l'autre avec bonne volonté. Passe ton chemin !...

– Tu dis ?

1. *Galego* : Portugais. L'emploi est généralement péjoratif. Le sens ici, plus spécifique et désuet, désigne un individu vivant de petits métiers et travaux divers exécutés sur les quais (N de T).

– Ça va mal tourner...

– Tu dis, le *Galego* ?

Et, lui arrachant son bonnet, il fit face au Portugais et l'immobilisa, prêt à la bagarre.

– Je vais te casser la gueule, le *galego* ! là, comme je te tiens !

L'homme perdit son calme. Un éclair de violence fulgura dans son regard et le sang lui monta au visage, la rame lui échappa des mains, et il empoigna Bom-Crioulo à bras-le-corps pour essayer de l'envoyer à terre. C'était un homme de petite taille, solide et rablé, la moustache fauve, le visage recuit, piqueté de taches de rousseur.

Aussitôt, la lutte s'engagea. Le quai, dans la seconde, sur tout l'espace compris entre les deux gares maritimes, se couvrit d'une foule bourdonnante, qui accourait très excitée de tous les angles de la place, comme si elle chargeait. – « La bagarre ! La bagarre ! »

Les deux hommes, qui s'efforçaient en même temps qu'ils luttaient avec acharnement de s'écarter de cet endroit intenable, où ils risquaient à chaque mouvement de tomber à l'eau, gagnaient petit à petit du terrain vers l'embarcadère, enlacés l'un à l'autre et de même force dans ce corps à corps – d'une musculature, tous les deux, de même envergure.

La chaloupe de guerre s'était rapprochée.

Une grande effervescence régnait sur les embarcations : l'alarme à présent, sur la mer et sur le quai, était générale.

– Qu'on les sépare, qu'on les sépare ! criaient les marins et les pêcheurs.

Huées, sifflements, vociférations : – Arrêtez-les ! arrêtez-les ! – résonnaient sur la place, dans une cacophonie extraordinaire.

Brusquement, d'une terrible secousse, Bom-Crioulo se dégagea, preste et léger, et faisant un bond de côté il sortit un objet de sa ceinture : tout le monde put voir, épouvanté, la lame d'un couteau miroiter dans la main du matelot.

– Cette fois, c'est la fin ! dit une voix au milieu de la foule.

Déjà les gens s'écartaient, laissant libre l'espace du combat. La clameur augmentait : – Qu'on l'arrête ! Qu'on l'arrête ! Attrapez-le !

Le Portugais, les cheveux dans tous les sens et les vêtements arrachés, prit ses jambes à son cou ; mais le Noir, qui voyait approcher des policiers, brandit son arme, enragé, en menaçant :

– S'il y a un homme, qu'il approche !

Le *galego* avait complètement disparu : la colère de Bom-Crioulo s'était maintenant retournée contre la foule et contre la police. Personne ne trouvait le courage de s'opposer à cet homme métamorphosé en bête féroce, dont le regard faisait peur.

L'horloge de la gare marquait quatre heures.

La seconde d'après un officier de marine sauta sur le quai. Bom-Crioulo l'attendait, le pied ferme :

– N'approchez pas, ou je vous descends !

C'était un lieutenant de vaisseau, un groupe de marins se pressait derrière lui.

– Saisissez cet homme, ordonna l'officier, en s'arrêtant à distance raisonnable.

– N'approchez pas ! N'approchez pas ! hurla le Noir, qui sautait d'un pied sur l'autre en brandissant son couteau en l'air.

Les marins se séparèrent, trois sur la gauche, trois sur la droite, et ils continuèrent à avancer, imperturbables, baïonnette au canon.

Ce fut un moment d'angoisse et d'effroi.

La gigantesque silhouette du Noir se contorsionnait, se démenait avec des souplesses d'acrobate pour éviter les baïonnettes, on aurait dit un ressort d'acier : – N'approchez pas ! N'approchez pas !...

Mais lorsque sur sa droite une poigne plus forte le déséquilibra en lui envoyant une terrible bourrade, et qu'une autre sur sa gauche eût réussi à l'immobiliser, Bom-Crioulo, l'invincible Bom-Crioulo se sentit pris, refait, jugulé comme une bête féroce.

La foule, qui n'avait plus à craindre, afflua de nouveau, victorieuse, sur le quai, et toute une vague de curieux, commentant l'événement, escorta Bom-Crioulo au bord de l'eau.

Mais quelle bataille pour l'embarquer ! Le Noir ruait, mordait, sacrant, jurant.

On finit, à force, par le charger, et glissant doucement toute blanche sur la mer d'huile, l'embarcation s'éloigna dans la baie.

VIII

Le commandant du cuirassé, une belle figure de militaire et d'aristocrate, irréprochable et fière, était celui-là même au sujet duquel, ainsi que l'exprimait Bom-Crioulo dans son langage rudimentaire, « circulait des choses... »

Une vague et obscure légende s'était édifiée autour de son nom, faisant de lui une sorte de Gilles de Rais, moins redoutable que celui de la chronique, mais tout aussi indifférent aux femmes, et qui recherchait son idéal dans la fréquentation des jeunes gens et adolescents de sa classe.

Pure calomnie, peut-être, ou insinuations de mauvais goût.

Les marins, par les nuits de lune et de calme plat où ils n'avaient rien à faire, racontaient entre eux des histoires, qui n'étaient sans doute pour la plupart que légendes inventées de toutes pièces à l'instant même, au fil de la conversation...

Rumeur ou pas, le commandant ne manifestait guère de goût pour les jupons : c'était un homme d'une nature étrange, qui préférait vivre à sa façon, entouré de ses gens, occupé par ses marins.

Aussi y avait-il toujours des silences ou des grattements de gorge éloquents, dès qu'il était question du commandant.

Quoi qu'il en soit, personne à bord ne lui manquait de

respect, tous l'aimaient tel qu'il était, plein de mystère avec son beau port d'aristocrate, intransigeant à ses heures, mais toujours bienveillant : un véritable meneur d'homme, un parfait modèle pour les officiers.

Bom-Crioulo, cependant, n'avait jamais éprouvé de sympathie à son égard : il le considérait avec une certaine méfiance et n'arrivait pas à s'habituer à la voix onctueuse, au ton protecteur et affecté qu'à son avis l'officier, dans ses moments de détente, savait feindre. Il l'évitait comme on évite un ennemi définitif. Pourquoi ? Bom-Crioulo le premier n'aurait su le dire. Une antipathie instinctive, une répulsion spontanée, immédiate – deux forces contraires qui se repoussent.

– Cet homme est né pour son malheur, se disait le Noir avec superstition.

Mis aux fers le jour même de son « éclat », Bom-Crioulo se retrouva très vite aux prises, dans les ténèbres de son ivresse, avec la figure du commandant, et celle-ci le poursuivit sans trêve, tantôt implacable et sévère, tantôt douce et indulgente, sans le lâcher un seul instant, la nuit entière.

Il dormit cette nuit-là dans une sépulture d'acier, un cachot étroit et sans lumière, où ne pouvait tenir qu'un homme. Barricadé dans cette sorte de cage, les mains et les pieds pris dans les fers, il s'endormit comme les autres se réveillaient, au premier appel du clairon. Il vit pendant son sommeil la silhouette du Portugais se dresser, énorme, devant lui, et le défier un couteau à la main : « Approche, nègre, approche, que je te fasse voir ! ». L'homme, une force de la nature, avait ses vêtements pleins de sang – une barbe imposante, et le regard méchant.

Ils allaient s'empoigner, mais Aleixo s'était interposé, disant que la police allait les surprendre et les arrêter, que ce n'était pas la peine de se bagarrer pour une broutille... Bom-Crioulo à ce moment-là, parce qu'il aimait le petit, avait renoncé et, laissant là le Portugais seul au milieu d'une grande place plantée d'arbres, s'était enfui.

La réalité, toutefois, vint le réveiller. Il était onze heures. On avait ouvert la porte du *mitard*, car il allait être puni sur-le-champ, et tel que, à peine réveillé et le ventre vide ; on n'attendait plus pour donner à la chose toute sa solennité, que le commandant. Un flot de lumière inonda la cellule, illuminant le visage du matelot.

– Lève-toi ! – ordonna le quartier-maître de service.

Bom-Crioulo était incapable de se déplier : il fallut l'aider. Une muselière en fer lui fermait la bouche. Et il y avait dans son regard une indignation muette et consternée.

Il se mit debout en vacillant, les yeux comme deux torches et une large ecchymose violette sur la joue : il n'avait pu dormir que la tête sur son genou, aussi immobile qu'une momie. L'air libre du matin lui fit du bien ; la lumière qui inondait l'espace le ranima ; il se sentit vibrer de tout son être ; il affrontait la punition sans craindre, serein et impavide, la haine chevillée au plus intime de son être contre ces gens qui l'entouraient en se réjouissant probablement de son malheur. Il n'avait personne de son côté – il était seul, abandonné, réprouvé... Le petit mousse lui-même, où était-il ?

Cette idée le démonta. Oui, c'était Aleixo la cause de tout... Pas une fois, pendant la période où il avait vécu en compagnie du mousse, il ne s'était vraiment enivré : il buvait, de loin en loin, une petite gorgée de *cachaça* pour se mettre en forme, et s'en tenait là. Maintenant, au contraire, il lui fallait un plein verre, et il aimait remettre ça. – Ah ! Aleixo ! son Aleixo !...

Comme cette autre fois, sur la corvette, il y eut « revue générale », la garnison entière vint former le rang sur le pont arrière.

La punition fut épouvantable.

– Que la garnison de ce navire ne s'y trompe pas ! pérora

le commandant. La désobéissance, l'alcoolisme et la pédérastie sont des crimes majeurs. Ne vous leurrez pas !...

Et, comme cette autre fois, Bom-Crioulo se tut résolument sous la férocité du fouet. Il endura muet, mais en se tordant à chaque coup sous la douleur, qui, le lacérant depuis les épaules jusqu'en bas du dos, eût bientôt fait de lui tout entier une plaie à vif... Un cri mourait dans sa gorge, imperceptible, un râle sec et refoulé, plein d'angoisse ; les muscles de son visage se contractaient, puis se dilataient, le sang, galvanisé, rugissait dans ses artères, dans le cœur, affolé, surabondant, jusqu'au plus intime de son être physique.

Il endura tout avec la fierté sauvage d'animal blessé et prisonnier qui ne peut se venger, et meurt, sans un gémissement, le regard fulminant d'une rage impuissante.

Une tristesse diffuse et universelle rôdait dans la lumière compacte de la mi-journée. Un petit air frais aux odeurs de marée arrivait du large, au-delà la barre, soulignant le clapotis de l'eau. Le vaste amphithéâtre de la ville étincelait au pied des montagnes dans l'apathie languide de l'heure chauffée à blanc. La silhouette du cuirassé resplendissait, immobile au milieu de la baie, avec son énorme bélier hydraulique, avec sa taude de toile, loin de la terre, loin des autres navires, fantastique et colossale architecture.

Le dernier coup de fouet fit tournoyer Bom-Crioulo et l'envoya s'abattre violemment, dégoulinant de sang, sur le pont. Ah ! C'est qu'il ne restait pas un carré de peau sur son large dos qui n'ait pas été lacéré par les lanières. Il s'écroula privé de toute énergie, le châtiment devenu inhumain ayant emporté sa volonté.

Alors seulement, disant que ce n'était rien – « ce n'est rien, qu'on apporte seulement le flacon d'éther et de l'eau, un peu d'eau... » – apparut le médecin.

Le commandant s'approcha également, mais il se retira

aussitôt, avec sa démarche hautaine d'aristocrate effeminé – « Ne vous leurrez pas, ne vous leurrez pas ! »

Et un moment après, on mettait à l'eau une chaloupe sans pavillon, pour emmener le matelot à l'hôpital.

– Reste là, scélérat, reste là ! clama Bom-Crioulo se retournant, en direction du cuirassé : – Salut !

Ce même jour, Aleixo, qui était de repos, se précipita à terre, en moins d'une heure, poussé par l'immense *saudade* qui le rendait à présent esclave de la Portugaise. Il avait peur de tomber sur Bom-Crioulo et d'avoir de nouveau à le supporter avec ses caprices, sa forte odeur de bouc, ses charges de taureau : tous ces souvenirs se faisaient pesants, comme s'il s'en voulait. Il en était arrivé à prendre le Noir en grippe, à presque le haïr, plein à présent de dégoût, de répugnance envers cette bête à forme humaine, qui se disait son ami uniquement pour jouir, profiter de lui. Et en même temps, il lui réservait une sorte de compassion, et de pitié, car, tout compte fait, la protection du Noir lui avait valu plus d'un avantage, mais jamais il n'avait eu d'attachement ni d'estime, de véritable estime pour Bom-Crioulo.

Il monta à pas de loup, l'escalier de la pension, en se cramponnant aux murs, l'oreille tendue et retenant sa respiration... – Heureusement, la porte à l'étage était ouverte...

De temps en temps, il faisait un faux pas, et ses brodequins de cuir gémissaient sourdement. – Ça serait vraiment le diable que Bom-Crioulo soit là-haut...

Il traversa avec les mêmes précautions la salle à manger, se glissa dans la cuisine. Toujours personne ! Il se pencha à la fenêtre qui donnait sur la cour, et il aperçut la Portugaise en sabots et caraco, manches et jupes retroussées, qui s'affairait en chantonnant autour d'un tas de vêtements trempés. L'instinct la fit se retourner et regarder en haut ; son premier mouvement fut un cri de joie et de surprise : – Oh, le petit, mon petit ! j'arrive ! Tu m'attends, hein ?...

Aleixo, un doigt sur la bouche, lui fit signe de se taire, et, désignant la mansarde, lui demanda à mi-voix, penché à la fenêtre, si Bom-Crioulo était là...

– Quel Bom-Crioulo ! l'interrompit Dona Carolina, tout haut, avec insouciance et sans faire de mystère. Quel Bom-Crioulo ! ta Noire est seule, mon mignon. Donne-moi le temps d'essorer ce linge, tu veux bien ? J'arrive...

Le mousse ne put se retenir : il descendit dans la cour pour contempler, ravi, cette opulence de femme en tenue de lavandière.

La Portugaise était en effet irrésistible pour un adolescent dans la situation d'Aleixo, sans aucune expérience de ce genre d'aventures, et qui commençait à peine à jeter sa gourme.

Dona Carolina était en chemise avec une petite jupe lui arrivant au genou et un grand mouchoir d'indienne noué sous le menton.

– Ne me viens pas là, mon mignon, dit-elle, devinant les intentions d'Aleixo. Ecoute, laisse-moi finir, tu veux bien ?

Le mousse se piqua : – « Oh, qu'elle finisse, qu'elle finisse... »

Et se rapprochant :

– Je suis seulement venu vous voir de près.

– Tu te moques, hein, tu te moques de ta vieille...

– Me moquer, non. Je parle sérieusement.

La Portugaise éclata d'un grand rire sonore, frais et agréable, les hanches toutes secouées. Elle hocha la tête de façon saccadée :

– Allons, mon petit cœur ! mon joli petit cœur !

Et elle riait, riait, vibrante, désespérément.

Aleixo se vexa :

– C'est bon, je m'en vais...

– Oh, non, non... Je plaisantais ! Si tu pars, je me fâche. Méfie-toi, hein ! méfie-toi...

Et, déguisant sa voix, avec tendresse :

– Reste, mon mignon, reste, près de ta Noire...

Il sourit vaguement, radouci, et ils mirent à deviser comme de bons amis.

Ils s'attardèrent là, sous l'appentis en tôle ondulée, un bon laps de temps – le mousse assis, jambes croisées, sur le bord du lavoir, Dona Carolina très affairée à sa lessive, afin d'en avoir fini le plus vite possible.

Au-delà de ce minuscule espace rafraîchi par l'eau, le soleil brillait, torride, avec une intensité dévorante. Le gazon où l'on étendait le linge grillait, ras et sec, automnal. Un perroquet apprivoisé criaillait de façon stridente dans le voisinage. Le reste était un grand calme. L'eau du robinet ruisselait dans le lavoir et Dona Carolina n'arrêtait pas, n'arrêtait pas de chanter...

Aleixo ôta son caban de flanelle bleue et il resta ainsi, en chemise de corps, écoutant le chant de l'eau et attendant que Dona Carolina finisse d'essorer le linge.

Ils parlèrent de Bom-Crioulo, non sans rire sous cape, tout bas, aux dépens du Noir.

– Une brave créature ! décréta la Portugaise avec une pointe d'ironie.

– Et une tête brûlée ! ajouta Aleixo.

Ils ne savaient rien de « l'incident ». La Portugaise dit seulement que l'autre avait fait la veille une apparition, qu'il était sorti, passé midi, et n'était pas revenu. – On l'avait arrêté, naturellement...

Une horloge sonna l'heure.

– Combien ? demanda la femme.

– Quatre, dit le mousse.

– Jésus ! Je m'arrête, je m'arrête ! Le reste sera pour demain.

– Oui, assez travaillé, et vous n'en mourrez pas, dit Aleixo en sautant sur ses pieds.

Et, traîtreusement, il posa les yeux, gourmand et plein de

convoitise et de volupté, sur la gorge, sur les épaules nues de Dona Carolina.

Comme si, traversée par l'aiguillon de ce regard, elle en ressentait dans toutes ses fibres la force magnétique et la chaleur, l'irrésistible pouvoir physique, la Portugaise se rapprocha du mousse, et elle lui glissa à l'oreille cette petite phrase, qui provoqua en lui un ineffable, un indéfinissable tressaillement nerveux : – Prenons un bain, tu veux bien ?

– Ici ?

– Pourquoi pas ?

– On peut nous voir...

– Je vais fermer la porte de la rue. Je n'ai pas de locataires pour le moment...

Aleixo ne dit ni oui ni non. Il s'étira de tous ses membres, tandis qu'un petit spasme de froid extraordinairement agréable, une merveilleuse petite commotion lui descendait jusqu'au bas de l'échine et se répandait à travers tout son organisme.

Dona Carolina se dépêcha de monter chez elle, à l'étage, et elle redescendit presqu'aussi vite, le visage radieux.

Elle voulut déshabiller elle-même Aleixo, lui enlever sa chemise de corps, son pantalon : l'avoir nu sous les yeux. Bom-Crioulo lui avait déjà dit qu'Aleixo « avait des rondeurs de femme ».

Elle se mit ensuite également à se déshabiller.

Le lavoir était plein à ras bord. On apercevait le fond, très clair, à travers l'eau limpide et fraîche.

Il n'y avait personne pour les voir dans leur nudité première scandaleusement nus, l'un en face de l'autre – le corps vaste et mou de la Portugaise tranchant sur les formes fermes et idéales du jeune garçon – pécheurs édéniques sous l'auvent de la courette baignant dans la lumière or fauve du soleil.

Ce qu'ils firent, avant et après le bain, personne ne le saura jamais. Les murs de la cour étouffèrent les mystérieux emportements, la scène érotique consommée là par une belle journée de novembre, derrière la rue de la Miséricorde.

Dona Carolina avait enfin réalisé son souhait, son ambition de femme vieillissante : posséder un nouvel amant, encore tout jeune homme, et imberbe, suffisamment novice pour qu'un peu de rouge lui monte au visage, un amant presque idéal qui soit pour elle ce qu'est pour son maître un animal domestique – loyal, sincère, et dévoué jusqu'au sacrifice.

Aleixo la rajeunissait comme un élixir merveilleux, un aphrodisiaque miraculeux. Elle se sentait différente depuis qu'elle s'était mise avec le mousse, ses nerfs retrouvaient leur flexibilité, ses appétits renaissaient, une gaieté extraordinaire de jeune épousée en pleine lune de miel lui réchauffait l'âme : tout en elle – le corps, léger, l'esprit, apaisé – vibrait, dans une exubérance retrouvée, une éclosion de joie torrentielle... Aleixo lui appartenait enfin, elle le tenait, elle l'avait tout entier à elle, prisonnier comme un bel oiseau qui s'est laissé prendre entre les barreaux de la cage, elle lui avait enseigné les secrets de l'amour, et il avait joui immensément, et juré de ne plus jamais, jamais ! l'abandonner.

Le mousse, de son côté, avait découvert ce que tout adolescent rêve de découvrir : la puissance fatale du désir, cette attirance qui, sans plus cesser et à tout heure du jour et de la nuit, le tourmentait. Il voulait posséder Dona Carolina, la mordre, la flairer, la palper, dans une frénésie de jouissance, un élan sauvage de taurillon insatiable.

L'après-midi s'écoula rapidement. Après le dîner (un pot-au-feu et des bananes de S. Tomé, sans compter le vin fourni par le boucher), ils s'installèrent dans la pièce de devant. Aleixo voulut voir l'album de photos ; la Portugaise le lui apporta. Et assis, à demi enlacés, sur le vieux canapé – lui, curieux et impatient de savoir qui était sur les photographies, elle, encore un peu défaite et les cheveux dénoués, expliquant chaque visage, chaque paysage, des vues du Portugal et des Iles, avec force détails – ils attendirent la nuit.

L'obscurité les enveloppa. Dona Carolina se leva pour allumer le bec de gaz, non sans se plaindre de la chaleur – « Dieu ! qu'elle aurait aimé ne pas sortir de l'eau, mais vivre dans l'eau et mourir, au fil de l'eau... »

Aleixo rit, amusé, imaginant la scène, en train peut-être de faire un rapprochement entre la Portugaise et une grande corvette ventrue...

– Ecoute, ô mon petit cœur, dis-moi une chose, tu m'aimes vraiment, ou je ne suis pour toi qu'une extravagance, un amusement ?

Et, se rasseyant, rieuse :

– Mais, hein, dis-moi la vérité ! Gare si tu me viens avec des histoires...

Lui, alors, dit qu'il l'aimait du fond du cœur et promit de nouveau de mourir près d'elle, dans le même lit – il jura qu'ils mourraient ensemble, et l'un à côté de l'autre...

– Et si tu meurs en mer, à bord ?

– Patience, murmura le mousse sur un ton de tristesse.

Mais déjà, repentante, elle le couvrait de baisers :

– Non, bien sûr, il n'allait pas mourir en mer. Ce n'était qu'un jeu, un jeu...

Par instants, des reflets de tendresse passaient, furtifs, sur le visage lisse d'Aleixo. Quelque chose de délicat et presque virginal, comme la blancheur mélancolique de certaines fleurs, la réserve candide et recueillie d'une collégienne ; et c'était justement, *cette chose* ineffable, cette poésie innocente répandue sur le visage d'Aleixo qui, touchant la corde sensible de son cœur usé et délaissé, attachait la Portugaise. C'était véritablement une pitié de voir ce visage, ces formes de femme, cette petite statue de marbre, livrée aux mains grossières d'un matelot, d'un Noir... Le petit avait dû plus d'une fois être séduit, forcé. Se l'approprier c'était faire œuvre de charité, c'était une bonne action. Avec l'autre, finalement, ce n'avait été que débauche, barbarie, péché, un crime. Si Aleixo ne pouvait que se perdre entre les griffes de

Bom-Crioulo, ne valait-il pas mieux qu'elle, une femme, s'emploie à le sauver ? Et c'était tout bénéfice, le sien comme celui du mousse...

Mais Aleixo n'arrivait pas à oublier Bom-Crioulo. Qu'il le veuille ou non, l'ombre du Noir l'accompagnait partout, à terre comme en mer, avec l'insistance d'un remords. Il désirait sincèrement le haïr et l'oublier définitivement, l'évacuer, comme on fait d'une mauvaise pensée, d'une obsession énervante et incongrue, hors de son imagination ; mais en vain ! L'air désapprobateur d'Amaro était gravé dans son esprit de façon indélébile : à chaque instant le souvenir de sa musculature rigide, de son caractère rancunier et vindicatif, de son étrange nature – curieux mélange de méchanceté et de tolérance – et de ses éclats, de son penchant au crime ; et tout cela, ces rappels, le démoralisaient, le faisaient frissonner, trembler de peur, une chose dans son sang, latente, débilitante... Ses transports avec la Portugaise demeuraient incomplets, et des sourires de faussaire tremblaient sur ses lèvres chaque fois que, voulant rabaisser l'autre, elle lui faisait des compliments.

Leur nuit fut un délire de jouissance et de volupté. Dona Carolina assouvit sa fascination pour les hermaphrodites avec force baisers, étreintes et violents suçons.

IX

Qu'elle était triste la vie de Bom-Crioulo à l'hôpital, loin désormais de la rue de la Miséricorde et de son seul attachement, soumis quotidiennement à un régime conventuel, s'alimentant parcimonieusement, endurant à chaque instant des gémissements qui lui fendaient l'âme comme une litanie de mauvais augure et qui lui paraissaient, jeté entre les murs sinistres d'une infirmerie, la pitoyable expression de son propre abandon. Il aimait la liberté avec un enthousiasme si sauvage, et son seul idéal était de vivre toute sa vie en compagnie d'Aleixo, de cet ingrat d'Aleixo...

La silhouette pleine et galbée de l'adolescent voletait dans son imagination, le provoquant, le captivant derechef, le renvoyant à un monde de voluptés, à l'atmosphère de sensualité et de mystérieux silence qui entoure les existences vouées à l'amour clandestin, au plaisir souverain de la chair, à ces excès de la passion lorsqu'elle confine au délire.

L'absence ajoutait à son désespoir, cette vie sinistre de l'hôpital l'accablait de contrariétés ; c'était un châtiment sans nom pour quelqu'un comme lui, assoiffé de liberté, avec cet appétit sans frein, de se comporter selon son tempérament, assoiffé d'amour, cet amour physique total avec une créature du même sexe que lui, et qu'il chérissait de manière si extraordinaire... Il n'avait plus eu une seule nouvelle d'Aleixo, ne l'avait plus jamais revu : ils n'avaient plus échangé un simple regard...

Que de souvenirs, toutefois, hantaient Bom-Crioulo, lorsque la nuit il ne dormait pas et veillait seul, absolument seul, les yeux grands ouverts dans l'obscurité, fixant le plafond de l'infirmerie. Que de souvenirs, mon Dieu ! Il croyait voir, comme si réellement il les avait devant lui, les formes du mousse, son regard bleu et ses joues claires, la petite chambre tiède de la rue de la Miséricorde, perchée, là-haut, sous le toit, avec le lit de sangle, avec le portrait de l'Empereur accroché au mur — si sérieux, le bon Empereur avec son air d'extrême bienveillance —, avec tout ce qui composait l'ambiance voluptueuse où il avait vécu tant de jours heureux... Il passait des heures et des heures à réfléchir, demeurait ainsi comme perdu, en extase, à se remémorer chapitre après chapitre l'histoire de son amour. Il éprouvait alors un inexplicable et profond dégoût. Un sentiment fait de jalousie et de tendresse dolente. Il imaginait des choses comme peut en inventer une personne qui n'a plus sa raison : — Aleixo lui gardait-il de l'estime ? Bien évidemment, non. Car, s'il l'estimait, l'aimait encore, il se serait mis en peine, où qu'il soit, de le retrouver, mais jamais, pas une fois depuis le jour de leur séparation, Aleixo ne s'était inquiété de lui. De nouvelles amours, peut-être, allez savoir...

Le Noir se sentait envahi par une haine d'autant plus forte que grandissait dans son cœur le désir de posséder sans contrainte, éternellement, le jeune garçon.

Il le désirait, certes, mais vierge de tout contact autre que le sien propre, il le voulait comme dans les premiers temps, pour lui et tout à lui, et pour qu'il vive près de lui, soumis à ses caprices, fidèle à un régime de vie commune, sereine, et pleine de prévenances mutuelles.

Il lui était impossible de renoncer au mousse ; maintenant surtout, que cet amour, cette obsession malade, redoublait avec une force prodigieuse et le projetait vers l'autre, réveillait des sentiments jaloux qu'il croyait assoupis, remuait des fibres dont il imaginait qu'elles avaient perdu leurs énergies passées. Le Bom-Crioulo de la corvette, uraniste et sensuel, qui poursuivait l'apprenti-marin, obsédé par des désirs inavouables, ainsi que l'on s'attache à une fille qui débute sa vie sexuelle, le Bom-Crioulo érotomane de la rue de la Miséricorde, qui tombait en extase devant la nudité d'un éphèbe ainsi que, dans son fétichisme un sauvage, un natif de Zanzibar se prosterne devant une idole sacrée — resurgissait miraculeusement.

Seul et abandonné entre les murs de l'hôpital, inconsolable, il gémissait, et traînant les lambeaux de son âme glapissait — pauvre chien sans maître — les pires blasphèmes contre le sort qui l'avait éloigné d'Aleixo, contre Dieu, contre la terre entière !

Les fenêtres de l'infirmerie donnaient sur la mer ; elles ouvraient, avec en face la chaîne des Orgues, sur l'extrémité mélancolique de la baie. Dans la salle, les lits de fer s'alignaient, symétriques et bien en ordre, avec leurs couvertures de laine rouge repliées qui jetaient une note rutilante sur la blancheur des draps. Là, comme partout dans les autres pavillons de l'hôpital, une odeur prédominait, cette vague odeur caractéristique de désinfectant qu'on retrouvait aussi dans les morgues, elle se dégageait par instants, insupportable, telles les émanations d'une sépulture béante. Les malades, en raison d'une ordonnance spéciale du médecin auquel ils étaient confiés, avaient la permission de se lever et d'aller et venir pour se distraire dans les dépendances de l'hôpital, revêtus de leur uniforme en cotonnade blanche. Chaque infirmerie avait son spécialiste. Bom-Crioulo avait été interné dans le pavillon où l'on traitait les maladies de peau, une grande salle ouverte sur le mer et d'où l'on jouissait d'un paysage merveilleux. Indifférent qu'il se montrait à tout ce qui n'avait pas trait au mousse, dont le souvenir lui infligeait les pires tortures, personne encore, depuis son arrivée dans le service, ne l'avait vu esquisser un sourire.

Fuyant, l'humeur mauvaise, le regard insolent et chargé de menaces, la compagnie de ses congénères, il ne pouvait oublier, n'arrivait pas à se sortir de l'esprit cette pensée de cauchemar : Aleixo dans les bras d'un autre homme... Ah ! Cela suffisait pour lui enlever tout repos, pour faire de lui un être misérable, se démenant dans les affres d'une jalousie barbare. Aleixo le torturait ainsi des nuits entières suivies d'autant de jours, le laissant tel l'oiseau qui se débat entre les barreaux d'une cage étroite. — Il l'aimait tant, lui voulait un tel bien, un bien fou, au petit, il le préférait à toutes les belles femmes de la terre !

A mesure que les ecchymoses violettes sur son corps tatoué par le fouet se cicatrisaient, un grand vide s'ouvrait dans son âme fruste de matelot, un affreux sentiment de désespoir s'emparait de lui chaque fois qu'il pensait à Aleixo, mousse sans cœur qui lui avait fait découvrir l'amour et qui lui faisait maintenant endurer les tourments d'une vie de condamné... Bom-Crioulo se sentait changé du tout au tout ; une sensation grave et profonde, qu'il eût été lui-même bien incapable de s'expliquer, quelque chose comme un présage funeste, le rendait triste et le détournait des joies de la camaraderie, lui conférait une sombre allure de méchanceté dissimulée.

— Ce n'est pas un hôpital, c'est un enfer ! monologuait le Noir, les lèvres agitées par une colère féroce. Il était à bout de patience.

Il avait déjà demandé une fois qu'on l'autorise à quitter l'hôpital ; s'ils voulaient le pousser à bout, alors, tant pis... Il mourrait, mais il ne ferait preuve d'aucune faiblesse. Il était homme, que diable ! et un homme doit montrer pourquoi il est venu au monde...

Le résultat : il s'emportait contre tous et chacun : les

infirmiers étaient des brutes ! La cuisine, une cuisine de gargote ! Le médecin lui-même, à peine il avait tourné le dos, devenait la cible de ses insultes.

Sa consolation dans cette triste existence de galérien, dans cette sorte de veuvage de l'âme, était une photographie d'Aleixo, un simple portrait, qu'il avait fait tirer à peu de frais, rue do Hospicio, à l'époque où le mousse et lui étaient embarqués ensemble sur la corvette. Elle représentait Aleixo, pris de profil dans son uniforme bleu, le maintien crâne et les lèvres entrouvertes sur un petit sourire canaille, la main droite posée mollement sur le dossier d'un large fauteuil, si attendrissant, somme toute, un vrai *petit-jésus*... Bom-Crioulo conservait cette miniature religieusement, avec des soins jaloux, et c'est avec un long baiser humide et voluptueux que le soir, au moment de se coucher, il prenait congé d'Aleixo. Il respectait ce rite, et avait, de même, pris l'habitude de faire un signe de croix avant de fermer les yeux. Une superstition puérile d'amant plein de tendresse... Mais qu'importe ! ce talisman précieux et inestimable l'accompagnait désormais partout. Il lui arrivait même parfois, au cours de la journée, de le sortir de sa poche et de se mettre, dans un état presque mystique, une sorte de transport, à contempler la photo d'Aleixo comme s'il croyait que, de ce bout de carton froid et inanimé, pouvait lui venir une étincelle d'amour, une lueur d'espoir...

Il le trouvait si ressemblant, mais tellement, à l'original... Les yeux, la bouche, le sourire, le nez... tout ! Comment se faisait-il qu'on puisse ainsi reproduire, en si peu de temps, les traits d'une créature ? Car c'était lui, c'était vraiment, exactement, Aleixo !

Il en restait stupéfait, et même stupide, il perdait la tête, lorsque ses yeux tombaient sur le petit « document »... Il riait parfois, rien que pour lui, retiré loin des autres, dans un coin obscur, sans que personne le voie.

Et chaque jour qui passait s'étirait long comme une année, un siècle, une éternité !

Il eut l'idée de demander à quelqu'un d'écrire pour lui un message, deux mots, une simple ligne, pour l'envoyer au mousse.

Aleixo ne savait peut-être même pas où il était… Bom-Crioulo s'ouvrit à un garçon, jeune employé de l'hôpital : il lui ferait cette faveur, oui ? cette petite faveur… Et là sur place, dans l'infirmerie, près de la fenêtre qui donnait sur la chaîne des Orgues, et presqu'à l'heure du crépuscule, ils tracèrent ces mots :

> « *Mon cher Aleixo,*
>
> *Je ne sais pas ce que tu es devenu, je ne sais pas ce qu'est devenu mon tendre ami de la rue de la Miséricorde. C'est comme si tout était fini entre nous. Je suis ici, à l'hôpital, cela va faire déjà un mois, et j'aimerais que tu viennes me consoler quelques heures par ta présence. Je suis sans arrêt à me souvenir de notre petite chambre… Viens sans faute. Demain serait bien, puisque c'est dimanche.*
>
> *ton*
>
> Bom-Crioulo »

Ces simples mots. — Il s'agissait maintenant de voir comment allait se comporter ce « petit monsieur » d'Aleixo et s'il l'aimait encore, s'il était resté le même que sur la corvette, le même, docile et doux, et tendre ; reconnaissant, comme au temps de la rue de la Miséricorde.

Le lendemain matin, à l'aube, la première chaloupe qui quitta l'île pour aller à terre emportait, soigneusement fermé, le petit billet gribouillé rapidement la veille au soir, devant la mer, d'une écriture inégale et maladroite, indéchiffrable, par le garçon de salle.

Le Noir attendit la réponse dans l'angoisse, avec une fébrilité d'amoureux qui aspire au moment d'étreindre sa belle, en comptant les heures minute après minute, le cœur battant la chamade lorsque, simple illusion de l'ouïe, il lui semblait distinguer la voix de l'autre — le moral alors au plus haut et l'instant d'après à zéro — échafaudant à mesure que passait le temps d'impossibles, infaillibles calculs, marmonnant d'inaudibles monologues, errant dans les couloirs et les dépendances de l'hôpital comme un dément, comme inconscient. — Et s'il devait ne pas venir ? Ah ! décidément, c'est qu'il ne voulait plus de lui, qu'à présent il le méprisait. Mais qu'il réponde, au moins, il le fallait, d'une manière ou d'une autre !

Il refusait de croire, ce n'était pas possible, qu'Aleixo, lui, toujours si aimable, si bon, si prévenant, ait pu déchirer le billet, sans adresser la moindre petite réponse, un *oui* ou un *non*, que diable !...

Il s'était coiffé, avait changé de vêtements, et de minute en minute il se précipitait sur le fragment de miroir, son pauvre miroir cassé, qu'il gardait au fond de sa paillasse.

L'heure du café passa, l'heure du déjeuner arriva, des marins firent une apparition et repartirent, la cloche sonna neuf *sorties*, elle sonna midi, rien ! Pas un signe, pas l'ombre d'Aleixo ! — Il y avait vraiment de quoi enrager ! S'il ne voulait pas venir, que ne le disait-il !

Il commença à perdre espoir. — Des amis ! fiez-vous à vos amis !...

Son anxiété, son désespoir augmentaient, comme une vague qui gonfle peu à peu, et enfle, grossit, jusqu'à se briser, s'effranger en écume, contre la roche... — Il n'avait pas déjeuné, il n'avait pas dîné, et la conclusion s'imposa : monsieur Aleixo prenait du bon temps !

Et lorsque les corvettes de l'escadre donnèrent le signal « d'amener les couleurs », lorsque, refoulant les visiteurs, le portail de l'hôpital se fut refermé, une vague de haine se déchaîna en tempête dans le cœur de cet homme capable de tous les dévouements comme de toutes les abominations.

Bom-Crioulo rugit intérieurement : ce fut dans tout son corps une telle secousse, que quelque chose se déchira au fond de lui. La conviction, la certitude absolue que le mousse était avec « un autre », qu'il l'avait abandonné, achevaient de s'emparer de son esprit. Il retourna à l'infirmerie, sombre, hors de lui, en proie à une rage sourde, une fièvre de vengeance qui, presque, lui incendiait les joues, lui brûlait la peau.

La nuit tomba et il ne put s'endormir, ni fermer l'œil.

Il se roulait sur son matelas, haletant, sans plus un souffle d'air dans les poumons, se débattait, en proie à une terrible crise de nerfs, comme s'il était en train de lutter contre des fantômes, tantôt remontant les draps, tantôt se découvrant entièrement dans les affres d'un épouvantable étouffement. — Abandonné, lui ! abandonné par celui qui aurait dû l'aimer comme un père ! Abandonné par Aleixo, par son cher Aleixo !...

Il n'arrivait pas à le croire ! Jamais il n'avait éprouvé un pareil désespoir. Seules des choses tristes, des idées sinistres, lui venaient à l'esprit. Et par un surcroît de malchance, comme pour ajouter encore à son malheur, il entendit toute la nuit quelqu'un gémir dans l'infirmerie voisine — une voie rauque, étouffée, inimitable, qui invoquait le nom du Christ. Il avait l'impression que c'était sa propre voix d'amant éconduit qui implorait la bonté de Dieu... Le malheureux, en tout cas, gémissait et il gémit sans trêve la nuit entière, dévoré par d'atroces douleurs.

Une odeur entêtante de lavande brûlée, évoquant vaguement une chambre mortuaire, planait sur tout l'hôpital. Bom-Crioulo, cette nuit-là, lui qui n'avait jamais connu la peur et avait toujours bravé la mort avec courage, ne put éviter un petit frisson d'épouvante. Il finit à un moment par s'emporter contre le pauvre malade qui râlait. — Par le diable ! On ne pouvait pas dormir avec ce porte-malheur !... S'il devait mourir, qu'il fasse vite...

Mais il se reprit : — Pauvre être ! c'était un homme comme lui, quelque pauvre marin sans ami sur cette terre...

Peu à peu les gémissements diminuèrent et cessèrent — triste monodie qui disparut dans le silence de la nuit. Lorsque le jour se leva, l'odeur de lavande, pénétrante, écœurante, était encore présente, mais le malade avait cessé de se plaindre. Il était peut-être mort, qui sait ? Bercé par cette pensée, Bom-Crioulo finit par s'endormir.

Il était trois heures.

Ce jour-là, comme les précédents, la même préoccupation, la même idée fixe, insistante, débilitante, occupa son âme. Il n'en revenait pas lui-même de voir comment « la chose » avait resurgi — alors qu'il se jugeait suffisamment fort pour ne pas se laisser impressionner par des chimères, alors qu'il avait toujours cru tout facile, et passager, dans la vie ! — Car finalement (réfléchissait-il), lorsqu'on aime une jolie fille, une femme jeune, blanche ou même de couleur — aucun problème ! Un homme perd la tête, et cela se comprend : mais, aller ainsi avec autant de tristesse, sans manger, sans dormir, sans intérêt pour la vie, à cause d'un autre homme, d'un « petit individu » prêt à coucher avec le monde entier — c'était une folie sans nom...

Et c'est en vain qu'il cherchait à se rassurer : l'image d'Aleixo s'était ancrée dans son esprit et elle le torturait chaque jour davantage ; elle tournoyait autour de lui, papillon importun, provocant ses appétits sensuels, l'excitant comme un aphrodisiaque, faisant renaître toutes les forces vives de son désir, qu'il avait pourtant crues fragilisées par l'intempérance et l'excès.

Il se sentait encore suffisamment fort pour de grandes entreprises, capable des plus grandes preuves de virilité ; mais plus aucune créature humaine, même la plus belle, ne parviendrait à lui dispenser, un seul instant, autant de bonheur, de plaisir qu'Aleixo, le mousse incomparable et si aimable, qui était à présent son unique ambition, son seul désir au monde. Il fallait qu'à nouveau, pourquoi pas ? il le possède, qu'il jouisse encore de lui, comme avant. Mort ou vif, d'une façon ou d'une autre, Aleixo devait lui revenir !

Il se mit à échafauder un moyen de s'enfuir, de filer hors de l'hôpital en quête d'Aleixo. — Que ce qui doit être soit ! il n'allait plus attendre ! il ne pouvait supporter plus longtemps l'odeur de la maladie. Comme punition, cela faisait le compte !

Mais comment s'enfuir ? Comment tromper la vigilance des sentinelles ? Une fois en bas, sur le môle, il trouverait toujours une barque faisant la navette, ou, à défaut, traverserait à la nage.

Cependant les jours passaient, les uns chassant les autres, avec la même uniformité, pleins de monotonie, du chaud soleil de l'été, et Bom-Crioulo se rongeait sans trouver une occasion favorable pour réaliser son plan de fuite.

L'existence dans cette sorte de couvent des invalides lui devenait de jour en jour plus insupportable. Il avait maigri, et cela se voyait : — « je suis rendu ! » Et quels cauchemars, quels rêves épouvantables ! Une nuit, il rêva qu'Aleixo était mort, tué d'un coup de couteau au cœur, et que lui, Bom-Crioulo, voyait le petit perdant son sang, nu, tout nu, les lèvres toutes bleues, sur un brancard... et que la Portugaise, Dona Carolina, pleurait éperdument en se tamponnant les yeux avec un grand mouchoir de calicot. — Avait-on jamais vu pareille extravagance ?...

Et tant, tant d'autres rêves... S'il continuait ainsi, dans cette prison, il allait devenir fou, il allait mourir dément. — Oh oui ! il voulait filer, il n'en pouvait plus ! — « ... putain de vie !... »

Et tous les jours la même chose, le même désolation, le

même défilé d'idées, vagues, inachevées, les mêmes hésitations, les mêmes doutes. Une nuit, il se vit rattrapé alors qu'il tentait d'escalader le mur de l'hôpital...

X

Plus tranquille à présent, délivré de la crainte que Bom-Crioulo le recherche partout pour se venger, dans les meilleurs termes avec la Portugaise et libéré même de certaines appréhensions qui le rendaient craintif et timide, Aleixo menait une existence comblée, tantôt à terre, tantôt à bord de la corvette, sans autres obligations que celles de son rude métier. Fort et plein de santé, beaucoup plus homme malgré son peu d'années, les muscles développés comme ceux d'un gymnaste, le visage large et bronzé, son regard bleu d'une particulière acuité, il avait en peu de temps acquis une admirable expression de robustesse physique, qui ajoutait encore à sa beauté et à son ascendant. Quant à la Portugaise, elle ne vivait que par lui ; elle l'aimait, elle l'adorait !

Certes elle eût été tout à fait capable de commettre une folie à cause de son petit mignon ! Aleixo, quand il descendait à terre, ne manquait de rien dans la pauvre pension de la rue de la Miséricorde. Dona Carolina mettait de côté tout et le meilleur pour son précieux petit matelot : c'était des fruits, des confiseries, des nourritures choisies, des friandises à la portugaise, ceci, cela, et plein d'autres choses. Elle lavait elle-même au battoir et repassait, empesait son linge avec une tendresse scrupuleuse de mère amoureuse, elle pliait ses chemises et les parfumait au romarin pour qu'il change de vêtements dès son retour du travail. Tout avait bien changé dans cet intérieur depuis que le Noir était parti ! La mansarde, la mystérieuse petite mansarde était abandonnée. Aleixo ne voulait plus en entendre parler, il l'avait prise en grippe, car c'est là qu'il s'était fait l'esclave de Bom-Crioulo, là qu'il « avait perdu son honneur ». La malheureuse chambre était comme un lieu de malédictions : lugubre, envahie de poussière, et constamment fermée à clef. Dona Carolina ne l'ouvrait plus guère, si ce n'est, en de rares occasions, lorsqu'elle voulait remiser quelque vieillerie, quelque meuble hors d'usage et sans valeur. Le portrait de l'Empereur, le lit de camp, les objets appartenant au mousse et à Bom-Crioulo, tout ce qui avait fait jadis le bonheur des deux amis avait disparu. Il ne restait plus trace de cette existence commune.

– Et s'il prend au Noir de se pointer un beau jour ? imagina Aleixo, méfiant.

– Se pointer ! rien à craindre ! fit la Portugaise avec un geste de profonde conviction. Bom-Crioulo à l'heure qu'il est t'a bel et bien oublié ; il court la prétentaine : tout ce qu'il voulait c'était profiter de toi.

Et, très vite :

– Mettons même qu'il se pointe, qu'est-ce que ça change ? Des simagrées n'ont jamais tué personne. On lui raconte que les services de la mairie ont interdit d'habiter là-haut ; que le toit risque de s'effondrer... On invente...

Et les objets appartenant à Aleixo, et seulement les siens, furent descendus au premier étage et rangés dans la chambre de la Portugaise. Ils se mirent dès lors à dormir ensemble, comme mari et femme, dans le même grand lit. Et plus personne ne monta dans la petite mansarde, transformée en dépotoir de meubles au rebut couverts de poussière, et en nid à rats et repaire d'insectes.

Il y avait bientôt un mois que cela durait et Aleixo, loin

de se lasser, éprouvait au contraire une inébranlable et profonde affection pour Dona Carolina, au point même d'exiger qu'elle cesse de recevoir son barbu de boucher. Il la voulait pour lui, pour lui tout seul, ou c'en serait fini entre eux !

Elle tenta de le convaincre que l'individu, ce Manoel, était une « nécessité », c'est avec la pension qu'il lui donnait qu'elle payait le loyer : un sérieux avantage ! Quant à ses performances, que « son mignon » ne se fasse pas de mouron : il n'avait rien à craindre... Manoel n'était guère gaillard, une pauvre créature au fond, et guère appétissant...

Mais Aleixo s'indigna : – Non, ma chère, non, il n'admettrait pas d'autre homme... Elle pouvait très bien faire un travail honnête et gagner l'argent du loyer. Non ma chère : ou lui, Aleixo, ou le barbu.

Dona Carolina éclata de rire, et promit : elle ne recevrait plus ce Manoel. Ils devaient vivre « honorablement » !

Aleixo se rengorgea, très satisfait et sûr de lui.

Mais la vérité demeurait que, si le boucher ne continuait pas à fournir la viande quotidienne et à payer le loyer, lui tout comme la Portugaise devraient renoncer à cet amour.

– Manoel n'est pas plus au courant pour le petit mignon, que le petit mignon n'est au courant pour Manoel, réfléchit Dona Carolina.

Et tout suivit son cours, sans coups de vent – embarcation dorée sur une mer de roses...

... jusqu'à ce qu'arrive le billet du Noir : *Mon cher Aleixo...*

Il devait être dans les onze heures – un chaud matin de décembre, plein de lumière et de poussière.

Dona Carolina venait de finir de déjeuner, comme d'ordinaire, de son steak accompagné d'un café au lait, lorsqu'on frappa.

C'était le billet du Noir, du « maudit » !

Elle le parcourut avidement des yeux, se précipita sur la signature, et, découvrant le nom de Bom-Crioulo, hocha la tête d'un air de mépris. Elle relut une seconde fois le petit mot si débordant d'amour et de regret, et, pendant un bon moment resta en arrêt, debout au milieu de la pièce, comme si ses facultés venaient de l'abandonner.

Aleixo était retourné à bord ce matin-là et il ne devait revenir que le lendemain. – Heureusement, mon Dieu, heureusement, son brave petit n'était pas là ! c'est qu'il aurait pu, sinon, se laisser impressionner...

Elle jeta un dernier regard sur le billet, comme si elle voulait en apprendre la teneur par cœur, puis elle le déchira en tout petits morceaux qu'elle s'empressa de jeter dans la boîte à ordures. – Pas la peine de s'encombrer !

Mais elle n'en demeura pas moins songeuse, en proie à un vague et mystérieux pressentiment qui lui faisait battre le cœur, hantée par d'affreux souvenirs d'homicides, d'assassinats, de sang versé ; d'horribles crimes lui revinrent à l'esprit, des histoires de jalousie, de trahisons, qui avaient défrayé la chronique dans Rio de Janeiro : ce militaire qui, avec un couteau, avait égorgé, en plein centre, rue do Senhor dos Passos, une pauvre « fille publique » parce qu'il l'avait trouvée avec un autre... La police était accourue sur les lieux, mais c'était la nuit, et l'assassin, plantant là le cadavre de la fille, gorge ouverte, dans une mare de sang, avait réussi à fuir. Elle se souvenait également d'une autre affaire atroce, rue dos Arcos, celle-là : l'assassin avait découpé sa victime en morceaux... ainsi qu'on dépèce un bœuf. Toute une meute de gens s'était précipitée pour voir le spectacle ; le bruit avait même couru que la femme, une Espagnole, était une prostituée de haut vol, appelée Lola.

Autant de scènes qui, remontant en désordre dans son souvenir, jetaient un froid sur son amour et la remplissaient d'appréhensions et d'une crainte puérile, qu'elle ressentait comme l'annonce d'un prochain malheur.

Elle passa la journée, inquiète, sans rien pouvoir faire, tantôt allongée sur son lit et occupée à réfléchir à l'avenir ou à repenser au passé en soupirant au souvenir des bonnes années de sa jeunesse, tantôt errant, comme hébétée, entre la cour et la cuisine : – « Pouh !... ça n'était vraiment pas possible une chaleur pareille ! »

Elle fut très étonnée d'entendre sonner deux heures : – Seulement ! Jésus Marie, que le temps se traînait ! Et pas de linge à laver, pas le moindre petit ménage à faire, pas une distraction... Quel ennui ! Voilà qui n'était guère dans ses habitudes : elle ne savait pas rester inactive une fois sortie du lit.

Le petit billet du Noir, qu'elle avait soigneusement déchiré, ne lui sortait pas de la tête. – Ne voilà-t-il pas que ce diable de Bom-Crioulo inventait maintenant de relancer Aleixo ! Sacré pédéraste ! Jamais elle ne se serait doutée qu'une passion amoureuse entre deux hommes puisse être aussi tenace, aussi durable. Et un Noir, Jésus Marie, un de ces Noirs sans moralité, par-dessus le marché !

Elle aborda la soirée dans les mêmes dispositions, toujours aussi inquiète, en proie à la même vague et indéfinissable appréhension, et regrettant presque de s'être mise avec Aleixo. Elle était si tranquille, vivant à sa guise sous le regard de Dieu, dans son petit logis de la rue de la Miséricorde. Pourquoi s'être fourrée dans de tels draps ? Tout bien pesé, le mousse n'était qu'un gosse, et elle une femme faite !

Et, toujours pensive : – Ah ! mais personne n'est libre : homme et femme, c'est comme feu et poudre... Elle-même avec sa quarantaine n'en était pas moins femme, elle avait toujours autant de sang dans les veines et le même cœur pour aimer...

Elle s'enferma à double tour, plus prudente que jamais, redescendit inspecter la cour, puis s'en fut se coucher très tôt, en pensant à Bom-Crioulo et Aleixo, et à la folie des humains. Elle entendit rouler les trams pendant une bonne partie de la nuit. Il faisait une insupportable chaleur d'étuve, et elle n'arrivait ni à se calmer ni à trouver le sommeil : elle fermait les yeux en vain, pour les rouvrir aussitôt, haletante, en proie à une nervosité ridicule de fillette hystérique, elle, une forte femme de son acabit, solide et saine !

Elle ne savait comment se tourner dans son lit : un malêtre, le début d'une crise d'asthme, l'empêchait de respirer et de pouvoir s'endormir. C'était bien la première fois qu'une chose pareille lui arrivait. Elle ouvrit grand les portes de la chambre – celle donnant sur le couloir et celle de la salle à manger. Peine perdue ! Le même manque d'air, le même enfer. Et le souvenir du Noir et du petit sans arrêt en train de la tourmenter comme un cauchemar ! Elle voyait Bom-Crioulo pénétrer ivre-mort dans la maison, un grand couteau de marin au poing et les yeux comme deux torches ; il brandissait son arme et, brusquement, se précipitait, terrible, écumant de jalousie, sur le mousse et il frappait, frappait ; Dona Carolina, alors, croyait voir l'autre rouler à terre sans un mot, dans un fleuve de sang... mort ! Et ensuite c'était la police, des appels au secours, la honte, et les curieux qui accouraient *pour voir*...

Deux heures sonnèrent. Le vacarme des trams s'était tu depuis déjà un petit moment. Dans la rue, c'était un silence absolu, et à l'intérieur, dans la maison, la même torpeur, étouffée, la même somnolence – un calme de souterrain.

Un autre quart d'heure courut et la Portugaise tomba lourdement dans le sommeil – un sommeil de pierre, profond, inexorable comme le sommeil des morts...

Le lendemain, comme d'ordinaire, Aleixo fut « de permission », et il se rendit tout droit rue de la Miséricorde, l'allure insouciante et dégagée, un ruban blanc à son béret, l'humeur gaie et fleurant le parfum dans son uniforme bleu. Dona Carolina était à l'intérieur, occupée à la cuisine. Il était trois heures de l'après-midi. Le marin n'en revint pas de trouver la porte de la rue fermée à cette heure-là et il frappa vigoureusement. – Ça ! voilà qui était nouveau !

La femme accourut à la fenêtre : était-ce bien son petit-mignon ?

Il y eut un petit remue-ménage dans le voisinage. En bas, dans la boutique, une tête noire apparut à la lucarne, dissimulant sa curiosité, l'air de se trouver là par hasard... Et le garçon de la boulangerie allongea le cou derrière son comptoir.

A peine eût-elle reconnu le mousse, Dona Carolina descendit ouvrir à toute allure, en s'exclamant avec surprise :

– Oh ! Je ne t'attendais pas si tôt !

– Si tôt ? Vous trouvez encore que c'est tôt ! Elle est bonne : bientôt la nuit !

– Oh, petit ! il est deux heures...

– Que non, ma chère : il va être quatre heures.

Ils montèrent l'escalier, elle un bras sur l'épaule du garçon, lui très sérieux et déjà soupçonneux, les yeux à terre et une ombre de mélancolie sur son visage imberbe. – Drôle d'idée de laisser la porte de la rue fermée à cette heure-là !

Et la Portugaise l'embrassant sur les joues :

– Ne te fâche pas, mon jasmin, ne te fâche pas. Une porte fermée garde des tentations... Il m'est arrivé une chose, j'ai pris peur...

– Quelles tentations, quelle peur ! Vous n'êtes tout de même plus une enfant pour vivre cachée... Vous me feriez me méfier.

Mais Dona Carolina ne voulait rien dire de la vérité, l'affaire du billet, ses craintes au sujet de Bom-Crioulo. Pourquoi alarmer Aleixo ? Il ne le savait que trop que l'autre n'allait pas le lâcher facilement : ce Noir était de la race du diable, maudite race, qui ne sait pas pardonner, ne sait pas oublier... Aleixo connaissait bien le caractère de Bom-Crioulo. D'ailleurs, cette affaire du billet était une folie à laquelle il ne fallait surtout pas s'arrêter. – Des histoires de nègre !

– Écoute, ô petit, je te le jure, je ne la fermerai plus, la porte de la rue. Calme-toi, tu entends ? calme-toi...

Ils étaient dans la chambre. Le mousse inspectait les meubles, le lit, et son regard errait de la chambre à la salle à manger, comme lorsqu'une personne cherche à découvrir les traces d'une infidélité. La femme l'aidait à se déshabiller, elle ramassait ses vêtements trempés de sueur, pleine d'attentions pour qu'il ne s'enrhume pas : – Tiens, change de chemise ; tiens, bois un peu d'eau-de-vie ; hé, attention au courant d'air ; voilà tes chaussons...

Jamais il ne lui avait vu autant d'empressement, autant de tendresse. La Portugaise se mettait en quatre, avec des prévenances, des gentillesses presque puériles, elle en était à souhaiter qu'il la maltraite, qu'il l'humilie. Le regard bleu d'Aleixo exerçait sur elle un pouvoir magique, une fascination irrésistible : il la pénétrait au fond de l'âme, et la dominait, la brûlant comme une braise ardente, l'incitant à tous les sacrifices, la transformant en un pauvre animal sans volonté... Le mousse à ses côtés, toutes ses craintes, toutes ses appréhensions se dissipaient, elle se sentait capable de se mesurer avec un homme, de mourir sous le glaive, de tuer, de faire des folies !

Ce jour-là surtout, au contraire de la veille, où en proie à ses terreurs elle avait souhaité se voir loin, débarrassée de l'adolescent, ce jour-là surtout, elle se sentait animée d'une bonté toute maternelle : son affection s'était métamorphosée en une sorte de fanatisme, d'adoration religieuse. Elle n'arrêtait pas, caressante et heureuse, d'embrasser le mousse à chaque instant, comme si dans le regard d'Aleixo, ce regard angélique d'une infinie douceur, elle voyait réunies toutes les vertus.

– Tu es mon ange, ô petit, répétait-elle ; tu es mon seul bonheur dans ce vieux monde si rempli de misères...

Et elle l'étreignait, s'offrait au garçon, nerveuse et excitée, claquant des dents, dans un état d'exaltation sensuelle quasi morbide.

– Mais qu'est-ce que cela, femme ! tu es folle ? – la rabrouait le mousse, dont le visage, depuis son arrivée, ne s'était pas une fois fendu d'un sourire aimable. – qu'est-ce que ce désespoir ?

– Mais c'est que je t'aime tant, mon petit cœur ! je t'aime tant !

Il resta de glace. Le dîner se déroula sur ce ton. De son côté, Dona Carolina se contint, humiliée par les façons du garçon qui, sec, indifférent, ne lui manifestait pas la moindre gentillesse. Ils mangèrent en silence, comme deux étrangers se retrouvant à la même table dans un hôtel. Mais à la fin, elle ne put supporter plus longtemps ce silence inconfortable.

– Qu'est-ce que je t'ai fait, ô petit, dis, qu'est-ce que je t'ai fait ? Est-ce que tu ne m'as pas trouvée seule à la maison, en train de travailler, de me donner du mal ? Qu'est-ce que je t'ai fait ?

Aleixo restait muet, les yeux au mur, les lèvres agitées de tremblements convulsifs.

– Allons, dis, qu'est-ce que je t'ai fait ? insista la Portugaise, en lui mettant deux doigts sur le bras. Il doit bien y avoir une raison pour que tu sois fâché...

Lui néanmoins ne bougeait pas, ne répondait pas, impénétrable dans son mutisme obstiné et cruel qui arrachait presque des larmes à la femme. Dona Carolina sentit alors dans son âme un grand désespoir ; elle se leva tristement et se retira dans la chambre en déplorant « sa malchance » et en se maudissant : – Elle n'était vraiment qu'une malheureuse que tout le monde méprisait ! elle était lasse de souffrir, sa vie n'était qu'un enfer, elle préférait mourir !

Et elle répétait, pleine de mélancolie :

– Qu'est-ce que j'ai fait, Seigneur, qu'est-ce que j'ai bien pu lui faire à cet homme ?

Aleixo eut un mouvement de pitié et, se levant lui aussi, il se dirigea vers la chambre.

– Pourquoi, alors, reprit-il, pourquoi avoir fermé la porte de la rue ? Il y a un mystère dans cette maison ? Vous ne m'attendiez pas aujourd'hui ?

– O petit, mais je te l'ai pourtant dit que j'ai fermé à cause d'une peur qui m'a prise tout à coup ?...

– Quelle peur, Dona, quelle peur ! Il y a des excuses pour tout. Comme vous faites, ce n'est pas bien...

Dona Carolina s'était allongée sur le lit et elle reniflait, plaintive, en se tamponnant avec son tablier.

– Qu'est-ce qui s'est donc passé, qu'est-ce qui vous l'a provoquée aujourd'hui cette peur ? Vous ne déverrouillez pas la porte chaque matin, vous ne la laissez pas grande ouverte ?

– Tu mènes un chahut de fou, pour une broutille... Un homme avec une femme, ou il a confiance, ou il n'a pas confiance. Tu ne m'as jamais trouvée avec un autre, pour avoir mauvaise opinion de moi...

– Bon. Mais alors, sois franche, explique-toi. Pourquoi as-tu fermé la porte de la rue ?

C'était déjà un début de réconciliation. Aleixo s'était approché du lit, radouci, ébranlé malgré tout par la voix pleine de chagrin de la Portugaise qui le contemplait, les yeux pleins de tendresse et de résignation.

– Tu le veux, tu veux que je te dise pourquoi je l'ai fermée cette porte ? Hé bien, assieds-toi là, que je vais tout te dire. Si je me suis tue c'est à cause de toi, pour ne pas te faire du tracas.

Le mousse imagina aussitôt une série de choses désagréables : quelque agression ou tentative de vol, des menaces de prison, l'horreur ! Il était loin, cependant, de penser à Bom-Crioulo : le Noir avait disparu, pour lui il était mort ; plus personne ne lui en donnait des nouvelles ; il ne réapparaîtrait plus manifestement ; sans doute bourlinguait-il de par les mers, sur un cuirassé quelconque...

Et la Portugaise raconta l'histoire du billet, et qu'elle l'avait déchiré « parce que ce n'était pas la peine qu'ils se fassent de la bile... »

Aleixo écouta tout, curieux, le visage dans une main, affalé sur le grand lit.

– Et où est-il ? demanda-t-il vivement.

– A l'Hôpital Maritime, dans l'île, avec je ne sais quelle maladie... Qui n'a pas eu affaire à lui, qu'il se le tape !

Aleixo ne fit pas de commentaires ; mais l'histoire du billet l'avait troublé, il se sentit envahi d'une vague mélancolie : – Bom-Crioulo se souvenait encore !...

Il émit l'idée que peut-être il serait bon, plus prudent, d'aller voir le Noir.

– Qu'est-ce que tu en dis ?

La Portugaise désapprouva : – Jésus ! Quelle erreur ! Cela, oui, ce serait tout comme aller se jeter du haut du Corcovado. Non, surtout pas !

– Laisse-le où il est, mon garçon : il finira par t'oublier petit à petit ; va ta vie et laisse-le où il est. Nous nous portons très bien sans lui. Surtout pas !

– Et s'il lui prend un beau jour de s'amener, d'arriver ici ?

– Qu'est-ce que tu crois !... C'est pour ça que j'ai verrouillé la porte de la rue.

– Bon, murmura le mousse en se levant. C'est la vie !...

– Et personne ne doit aller contre les lois de la Providence, résuma, dogmatique, Dona Carolina.

Leur petit différend était réglé. Tout était expliqué. Aleixo avait reconnu son injustice envers Dona Carolina, et celle-ci, toujours bonne, toujours généreuse, avait pardonné. Ils regardaient maintenant, riant et joyeux, serrés l'un contre l'autre à la fenêtre, les gens qui passaient en bas, dans la rue. Qu'importait Bom-Crioulo ? Qu'importait la fièvre jaune ? Il n'y avait dans le monde entier, dans tout Rio de Janeiro, que deux créatures heureuses : lui, le mousse, et elle la Portugaise – heureuses comme Adam et Eve avant le péché. Heureux comme sont tous les couples qui s'aiment.

Ce soir-là, ils sortirent ensemble, faire un tour. Aleixo proposa de se rendre sur la Promenade pour manger une glace ou boire un verre, un rafraîchissement quelconque. Impossible par une telle chaleur de rester chez soi. Dona Carolina proposa le poste de garde, près du Largo da Carioca : – Ça serait peut-être mieux, non, d'aller boire une bière à la fabrique, près du poste de garde ? En plus, là, il y aurait de la musique.

Mais le mousse fit remarquer qu'au poste de garde ils seraient trop exposés, tous ses camarades se retrouvaient là, il y avait un monde fou. La Promenade était moins fréquentée, avec plus d'espace ; les gens avaient plus de liberté. Et puis, le petit tram de Lapa les y mènerait droit.

– Oh ! mets tes habits de marin ! supplia Dona Carolina en le voyant enfiler un veston de ville. C'est plus frais et les gens vous respectent...

– Ce n'est pas l'habit qui fait le moine, rétorqua Aleixo, très docte, en se boutonnant ; est respecté qui sait se comporter. Laisse-moi au moins changer un peu !

Elle adorait tant le voir, « joli comme un cœur » dans son uniforme, où il ne manquait jamais, admiré, flatté, une vraie peinture, d'attirer l'attention des bourgeois. La tenue de marin lui seyait cent fois mieux ; il n'y avait pas de comparaison ! Et qu'est-ce que c'était, dites-moi, qu'un militaire en civil ? Un homme comme n'importe quel homme, un pauvre diable que personne ne respecte. Tandis que, l'uniforme !...

– Mais je n'ai pas envie, femme, je n'aime pas. Ce sont des façons...

– Bon, pas la peine de se disputer. Va comme ça te dit.

Il commençait à faire nuit. Déjà, dans les pièces, à l'intérieur, on ne distinguait plus les objets. Dehors, dans la rue, on allumait les premiers becs de gaz et un grand calme, une profonde torpeur, régnait dans le quartier.

– Je crois que nous allons avoir la pluie, dit Aleixo en allant à la fenêtre.

En effet, des nuages gagnaient, denses, bas, dans le ciel, roulant comme des panaches de fumée noire dans un incendie. L'atmosphère fraîchissait. Il courait même une petite brise, douce et caressante. Une voix, du côté de l'église de la Miséricorde, imitait les chuintements d'une locomotive.

Le tram de Lapa arrivait. Dona Carolina et Aleixo embarquèrent, elle toute joyeuse, très démonstrative dans sa *toilette* improvisée qui lui donnait un air brave et respectable, lui un peu triste, son chapeau de paille, décalé sur la nuque, laissant voir ses cheveux pommadés, la cravate d'un beau rouge sang – les épaules dégagées, droit et circonspect.

La sonnerie du tram retentit.

XI

Un sourd désespoir, un désespoir sans nom, aggravé par des symptômes déclenchés par une sorte de lèpre contagieuse qui, en un temps record, avait gagné partout où du sang continuait de suinter obstinément des blessures que lui avait laissées le châtiment — un désespoir colossal remplissait d'amertume le cœur de Bom-Crioulo. Il avait perdu tout espoir qu'Aleixo vienne le voir à l'hôpital et était horriblement déçu. Le mousse l'avait oublié, abandonné, sans même lui signifier la moindre explication. — Donnez votre main à couper, on vous arrachera le bras. Les choses, en fin de compte, vont de telle façon qu'elles vous poussent à commettre les pires folies, à devenir méchant... Prendre des gants dans la vie, et se sacrifier, se bien conduire, n'avance à rien, c'est proprement stupide, une imbécilité.

Dans les moments où il était plus calme, il cherchait à se sortir de l'esprit toute idée de vengeance ou de revanche, comme font les personnes qui entendent se placer au-dessus des petites misères de l'existence. Il jouait aux dames avec le garçon de salle qui avait écrit le billet pour Aleixo, résigné et détendu, et même avenant, sans toutefois se départir de la vague expression de mélancolie, trahissant l'insondable de l'âme, qui flottait dans son regard...

Cependant, c'était la nuit que, l'attitude d'Aleixo lui

revenant à l'esprit, les fantasmes et les pensées les plus folles s'emparaient de son imagination avec l'insistance d'un remords — la nuit, aux heures de repos, quand tout était silence dans le vieil hôpital.

Il n'arrivait manifestement pas à se faire à l'idée qu'Aleixo ait pu l'abandonner pour un *autre*... et *cet autre*, qui pouvait-il être ? Un marin également, c'est certain, un « premier-maître » quelconque... Quelle bassesse, quelle ingratitude ! L'abandonner, pourquoi ? Parce qu'il était noir ? Parce qu'il avait été esclave ? Ne s'était-il montré tout aussi généreux que l'Empereur ?...

Il se consumait en élucubrations puériles, fustigeant les agissements d'Aleixo, grommelant, furieux et plein de rage, des imprécations que personne n'entendait, impressionnant et redoutable dans son mutisme halluciné. C'était des nuits et des nuits d'un somnambulisme débilitant, d'obsessions accablantes. Et lorsqu'avec l'aube le sommeil lui tombait dessus, il ne pouvait s'endormir, parce que commençaient alors à le torturer ce qu'il appelait « des démangeaisons », un horrible prurit sur tout son corps, comme si le sang cherchait à s'écouler par tous ses pores, dans une formidable hémorragie, ou comme s'il n'était plus, de la tête aux pieds, qu'une pelote d'épingles : il ne pouvait ni se calmer, ni fermer l'œil. Il n'aurait voulu que se précipiter dehors comme un fou, se plonger dans l'eau, et rester là, recroquevillé, nu comme un ver, un long, très long moment. On aurait dit une malédiction : ses plaies se rouvraient, toute la chair de son genou gauche était à l'air. Il ne comprenait pas. Pourquoi ce fléau, cette injustice ? C'était horrible ! Faire vivre à un humain des nuits entières sans sommeil, à ne faire que ruminer, et avec, par-dessus le marché, ces satanées démangeaisons à rendre fou !

C'était dans ces moments où la colère l'obnubilait qu'il se révoltait contre le mousse, ce « responsable de tous ses maux ». Dans cet état de désespoir funeste qui lui rongeait l'âme et corps, sa raison s'effondrait — Bom-Crioulo n'avait plus alors qu'une idée en tête : se venger de l'adolescent, le poursuivre jusqu'à le faire mourir, l'anéantir à jamais !

Et c'est dans ces moments que, dans un mélange de haine, de jalousie et d'amour, le désir le reprenait. Que, loin de s'éteindre, le désir d'à nouveau posséder le mousse, de l'avoir tout à lui, augmentait dans son cœur blessé par l'indifférence du gamin. Aleixo était une terre perdue qu'il lui fallait, coûte que coûte, reconquérir : personne n'avait le droit de lui voler cette amitié, ce trésor de délices, cette tour d'ivoire qu'il avait édifiée de ses propres mains. Aleixo lui appartenait de droit, comme une chose sacrée ! D'où la haine, cette haine qui le soulevait, sourde, remâchée, sauvage comme la colère d'Othello, contre le mousse.

Aleixo avec un autre homme ! Il en était fou de jalousie, l'idée le faisait souffrir, le torturait, c'était une plaie à vif.

Quelle joie, quel soulagement, quel plaisir surprême, lorsqu'au matin, le jour déjà clair, le soleil pénétrait plein de mystère, tiède et tout fou, à l'intérieur de l'infirmerie, et que la vie reprenait à travers l'hôpital...

Ce fut justement au cours d'une de ces nuits d'obsession et de désespoir, que Bom-Crioulo sauta le mur de l'établissement, et déboula dans un vertige, comme on se jette dans un gouffre, aveugle, inconsidérément, rue de la Miséricorde.

C'était un samedi, et jour férié. Parmi les marins venus à l'hôpital voir les copains malades Bom-Crioulo avait reconnu *Pinga*, son camarade d'autrefois, le *Pinga* de la corvette, ce marin, Herculano, qui avait été surpris une nuit, contre le bastingage, à la proue du navire, en train de se livrer à un acte répréhensible et laid de notre humaine nature.

— Oh ! Herculano, viens-là !

— Eh ! Bom-Crioulo !

— Or ça, qu'est-ce que tu deviens ? demanda le Noir,

intéressé, entraînant l'autre par le bras. Où que t'es embarqué à présent ?

Herculano était très changé, il n'était plus du tout le *Pinga* fuyant et timoré, avec des cernes aux yeux et qui parlait au compte-goutte. Il était tout autre, Herculano, différent, incroyablement différent — grossi, le teint rosé, le regard vif et brillant, sans une ombre de mélancolie, sans trace de tristesse. Il avait perdu l'ancienne pâleur qui lui donnait un petit air fripouille, il plaisantait, fort et sans se gêner, et riait comme un enfant, pour des riens. — « Où était-il à présent ? Sur la corvette, toujours sur la corvette. »

— Encore ? fit Bom-Crioulo, surpris, dissimulant la satisfaction que lui procurait cette réponse. T'es encore sur la corvette, homme de Dieu ?

— Qu'est-ce qui t'étonne ? Ça, c'est un navire ! On ne croirait pas le même depuis qu'il est sorti de cale. Il fait plaisir à voir. Tout bien repeint, tout neuf, un vrai bijou.

— Mais comment est-ce qu'on change à ce point, camarade ? Toi qui avais le sang pauvre, tu m'as l'air bien en forme, l'ami !

— Qu'est-ce que tu crois ! sourit Herculano. J'ai même été plus gros...

Il observait attentivement Bom-Crioulo. Comme le Noir était défait ! On lui voyait les os de la figure ; et il avait une grande cicatrice, une espèce de ride profonde dans le cou.

— T'es malade ? demanda-t-il.

— Je traîne de ces démangeaisons ! des plaies sur tout le corps... Paraît que c'est la gale.

— Ah, c'est que t'es rudement maigre, mon vieux, on te voit l'échine, que diable !

Et après une pause :

— Je suis venu voir Anaclet qui se tape une belle chaude-pisse... Je ne savais pas que tu avais été hospitalisé toi aussi, que t'étais dans le coin. Tu te faisais lointain.

— C'est vrai, un mois bientôt que je dépéris dans cette galère !

Ils se dirigèrent vers l'infirmerie. Des malades qui discutaient par petits groupes dans les couloirs et les dépendances de l'hôpital, les regardaient passer. Des convalescents jouaient à la *peteca* [1] sur un terre-plein d'où l'on apercevait la mer.

On approchait six heures de l'après-midi. Les navires de guerre, immobiles et pavoisés, avaient un air de fête. On distinguait au loin des appels de clairon, et des airs de musique arrivaient de la terre. Les barges de Niteroï se croisaient au milieu de la baie sur la mer étale. Et partout, sur la mer comme à terre, c'était un bruissement de joie universelle et dominicale, une curieuse alacrité qui allait se perdre au loin, dans les premiers brouillards du crépuscule. Déjà, le disque d'or du soleil avait disparu derrière les montagnes, la clarté, petit à petit, devenait diffuse et blêmissait, languide, comme par un matin de brume. La silhouette des embarcations, le contour des montagnes, celui des tours, des cheminées — tout s'abîmait dans la nuit qui descendait, palpitante de mystères...

Herculano était de repos et peu lui importait que la nuit arrive ; ce ne serait pas un problème pour lui de retourner à terre, il lui suffirait de hêler une des barques toujours prêtes à faire la navette. Mais il ne voulait pas s'attarder, de peur de trouver le grand portail de l'établissement fermé et de se réveiller au matin dans ce « cimetière de vivants »...

Bom-Crioulo le rassura : — il est encore tôt, camarade. T'es bien impatient ! Quelle presse !

Et très aimable, très diplomate :

— Pose-toi donc un peu. Ne fais pas des cérémonies : nous sommes chez nous, toi et moi, tout dans cette baraque

1. *Peteca* : jeu voisin du jeu de volant, mais qui se joue sans raquette avec une sorte de boule recouverte de cuir, légèrement aplatie du côté où l'on frappe (N de T).

appartient au gouvernement. Nous pouvons bavarder tranquillement.

Herculano parcourut du regard l'infirmerie, le plancher et le plafond, les lits bien alignés. De fait, ce n'était pas une mauvaise vie. De bons lits, une bonne chère, la liberté...

— C'est que t'as pas encore passé une nuit ici, mon vieux. Un enfer, voilà ce que c'est. Disons, pour qui ne peut pas s'y faire. A bord aussi, les lits sont bons.

— On peut fumer ? demanda l'autre.

— C'est interdit, mais tu peux te la fumer, ta cigarette !

Ils s'étaient assis sur le lit, fort crasseux, de Bom-Crioulo.

— Juste un moment, consentit le deuxième classe.

Bom-Crioulo donna un petit coup de pousse à la conversation :

— Dis-moi, Herculano, donne un peu des nouvelles des camarades, Aleixo, comment va-t-il, et le quartier-maître Agostinho ? Tous là-bas, comment vont-ils ?

— Bien. L'Agostinho toujours râleur, le drôle — râleur et « cherchant la bagarre ». Moi, heureusement, je ne suis pas tombé entre ses pattes ! Quant à Aleixo, entre nous, il est tout le temps fourré avec les officiers. Il vit dans le carré, c'est lui qui remonte la pendule, lui qui fait le ménage des cabines, qui fait tout. C'est un gandin, camarade, un fameux gandin : à bord, c'est le chouchou. Il sort quand ça lui dit, rentre quand ça lui va...

Bom-Crioulo se gratta la gorge.

— Moi, en ce qui me regarde, je n'échange pas un traître mot avec lui, poursuivit Herculano. On est fâchés tous les deux, pour une broutille, un rien... On a bien failli, l'autre jour, en venir aux mains. On raconte même qu'il vit en ménage, à terre, avec une fille.

— En ménage ?

— Oui, en ménage. Un blanc-bec pareil ! A ce qu'y paraît ; moi, j'en sais rien.

Bom-Crioulo était tout oreilles, follement intéressé, mais

il se domina, étouffa la vague de colère, la bordée de jurons qui était à deux doigts de lui échapper des lèvres. Il était au désespoir : son regard, dans la pénombre tiède de l'infirmerie, avait soudain pris une expression de douleur, noyée d'eau, comme un regard de naufragé perdu dans le cercle infini de l'océan. C'était une tempête sourde et insondable, un effondrement de toutes ses croyances, de toutes ses illusions : de toutes les forces qui dans un moment de crise sauvegardent l'équilibre d'un être humain.

— Sant'Ana, celui-là a déserté, il a fichu son camp, Dieu sait où. Il faut dire, le malheureux, il dégustait que c'en était pitié. Un pauvre diable...

Ils échangèrent encore quelques propos. Herculano, très loquace, très prolixe, raconta les menus incidents survenus a bord ; et comme il faisait déjà nuit :

— Salut, Bom-Crioulo, il faut que j'aille. Je suis sûr que tu vas te remettre, hein ! que tu vas vite guérir. Je suis là, sur la corvette, quoi que t'aies besoin. Bonne nuit !

— Bonne nuit, murmura le Noir d'une voix triste et profonde, presque lugubre.

Les étoiles s'allumaient dans le ciel très haut et d'une limpidité automnale...

Bom-Crioulo, bourrelé comme il l'était de haine, de désespoir, ne songea guère à s'endormir. La petite phrase prononcée par Herculano, ces mots d'une brutalité cruelle, et d'une précision lancinante : — « On raconte même qu'il s'est mis en ménage à terre, avec une fille ! » continuaient de lui résonner dans l'oreille, comme un glas.

En ménage, Aleixo ! En ménage, alors qu'il était tout à lui, qu'il lui appartenait autant que son propre cœur : alors qu'il était encore si prude, il n'y a pas si longtemps, et si accueillant, si empressé, à son égard, et que jamais il n'avait été question de femmes entre eux !... Aleixo en ménage, Aleixo dans les bras d'une femme et recherchant le contact d'un autre corps que le sien, se laissant étreindre, mordre, dans les affres de la jouissance, par une autre personne que lui, Bom-Crioulo !...

Son désir du coup s'exaspéra, une hantise de le voir à ses pieds, rendu, comme un petit animal : et, d'un coup, resurgirent en lui des appétits de jeune taureau en liberté, des élans scabreux de mâle en rut, des nostalgies de libertin fougueux. Les paroles d'Herculano lui avaient attisé le sang, tout comme si des orties sauvages lui écorchaient la peau, l'excitant, le faisant endêver de désir. A présent, oui, il le lui fallait ! Et ce n'est plus seulement posséder le mousse, s'en repaître comme autrefois, là-haut, dans la petite chambre de la rue de la Miséricorde, qui pouvait lui suffire : il lui faudrait le prendre en le maltraitant, le voir souffrir, l'entendre gémir... Non, ce n'était pas seulement la jouissance commune, les sensations habituelles, ce n'était rien de cela qui pourrait le contenter après les paroles d'Herculano, mais le plaisir brutal, douloureux, un plaisir transgressant toutes les lois, hors norme et sans bornes... Et il allait se l'offrir, quel qu'en soit le prix.

Il se décida : son plan de fuite, il allait le mettre à exécution, et déserter, s'en aller battre le monde en quête d'Aleixo, cette nuit même, dès cette nuit !

Il se mit, nerveux, surexcité, à réfléchir. Le mousse lui apparaissait soudain sous un nouvel aspect, défiguré, perverti par les excès de l'amour, son petit air gauche qui plaisait tant envolé, hâvre et les traits durs, le visage maigre et criblé de pustules, les lèvres blêmes... Et pour cause ! Un homme ne résiste pas, un enfant encore moins ! Aleixo devait être épuisé ; il le voyait dans les bras de son amante, la fille en question — lui novice, elle dans la fleur de ses vingt ans — ; il le voyait accroché à la femme et rouler, secoué de spasmes luxurieux, sur un lit blanc et frais — rouler et s'écrouler exténué, crucifié, mort de fatigue... La fille ensuite se penchait sur lui, elle lui prenait la bouche dans un long baiser de reconnaissance. Et le jour suivant, la nuit suivante, la même scène, la même chose.

Bom-Crioulo perdait le sens. Sans s'en rendre compte, il s'était, insensiblement, laissé entraîner dans un monde d'idées vagues, qui le rendaient incapable de s'arrêter à une solution, rapide, définitive. Seule une idée demeurait claire et ferme dans son esprit : filer, s'enfuir au plus vite, ne pas attendre ne serait-ce qu'une seconde de plus, rompre les digues de son isolement et se réveiller le matin suivant dans la vie, en ville, loin de l'hôpital, loin de « cet hôpital de merde ».

Ses calculs ne pouvaient pas échouer. Il allait, prétextant la chaleur, veiller à laisser une des fenêtres ouverte et préparer son ballot — mais quoi, son ballot ! qu'avait-il à faire d'un ballot ? —, et profiter de la nuit noire pour descendre en s'aidant d'une corde. Les fenêtres donnant sur la chaîne des Orgues surplombaient un terrain hérissé d'anfractuosités, une sorte d'escarpement abrupt, finissant sur les ateliers et les chantiers qu'il y avait là, en bas, dans l'île. Toutefois, elles n'étaient pas, à une hauteur telle qu'on ne puisse avec souplesse, tenter l'aventure, même difficilement. Et Bom-Crioulo ne serait pas le premier : bien d'autres, avant lui, avaient déserté de cette façon. On racontait que l'un d'eux avait roulé jusqu'en bas de la pente ; on l'avait retrouvé, sans vie quasiment, perdant tout son sang, le corps broyé, au pied d'un arbre : sa colonne vertébrale brisée pendant la chute, il n'avait pas survécu.

Le Noir n'hésita pas davantage ; il se leva (il était une heure du matin), se glissa dans les *cabinets* afin de ne pas attirer l'attention, et là, revêtit sous la liquette de l'hôpital sa chemise, fixa dans sa ceinture son rasoir de marin qui ne le quittait pas ; puis, scrutant le silence et l'obscurité, revint dans la chambrée sur la pointe des pieds. Tout, ensuite, fut très rapide : il lança la corde, une grosse corde tressée, par la fenêtre, et sauta dans le vide. Il faisait un noir de suie dans la baie, et un silence à faire dresser les cheveux sur la tête ! C'était l'heure du sommeil profond, du sommeil de plomb. Par intervalles, des sentinelles lançaient leur « Qui va là ! » prolongé, que l'écho répercutait sur la mer et sur terre. Aucun autre bruit, aucun autre signe de vie. La ville, étoilée de mille lumières microscopiques, était comme une vaste nécropole flottant dans l'intranquillité funèbre de la nuit.

Bom-Crioulo sentait un agréable petit froid, une brise qui touchait la nuque le faisait frissonner. Il s'orienta à tâtons, s'efforçant, sans rien voir, sans regarder par-dessus son épaule, de raser le grand mur de l'hôpital. Il avait examiné le terrain avec soin avant de se lancer ; en marchant dans cette direction, il atteindrait la descente la moins difficile. Tout en bas, était la jetée. Il fallait de sacrées précautions et une fichue habileté pour ne pas aller s'écraser !

Il descendit, descendit, tantôt debout, tantôt accroupi, s'accrochant ici, se retenant là, à l'aveuglette, jusqu'à enfin poser le pied, sans une égratignure, sur la jetée au bord de l'eau. La demie sonnait à l'Église de la Candelaria — un battement plein et sonore, qui retentit au loin, lugubre, réveillant les échos. — « Reste à présent à traverser le canal, se dit Bom-Crioulo, mesurant du regard l'étendue liquide qui séparait l'île de l'arsenal. Mais, patience ! Y a pas le feu... » Il se blottit derrière une grue, pour réfléchir : — De là il allait se rendre droit à la pension ; il voulait voir *ce qu'il en était*, il voulait lui faire une petite surprise à ce joli monsieur d'Aleixo. Ah !... Et la Portugaise ?... Il l'avait complètement oubliée ! C'est vrai, la Portugaise ?...

Un doute, brusquement, lui traversa l'esprit, rapide comme l'éclair, qui le laissa pantois : — Sottise ! Allons donc ! Ce n'était pas possible...

Le froid augmentait. L'horloge de la Candelaria, grave et sonore, sonna deux heures. Bom-Crioulo regarda le ciel : les étoiles palpitaient ; la voie lactée resplendissait blanche, sinueuse, dans la sérénité de la nuit. En face, dans l'arsenal, la silhouette d'une immense cheminée se détachait, plus sombre que la nuit. L'eau clapotait, monotone, contre la jetée, dans son flux et reflux incessant. — Qui va là ! lançaient à chaque instant des sentinelles, dans l'île, dans l'arsenal, à la Douane, sur les docks. Ailleurs, c'était partout le même silence, le même calme, la même infinie quiétude.

La nuit, paraissait n'avoir pas de fin : elle était comme une éternité. Un objet flottait mollement entre deux eaux, poussé par la marée. — Quelque vieille loque, imagina le Noir, ou peut-être même, qui sait ? un « corps »...

Et rien, nulle trace de l'aube, rien qui annonçât le matin. Bom-Crioulo commençait à s'impatienter. Que faisait-il là, que diable, à tergiverser ? Ce n'était tout de même pas pour rester derrière cette grue, à bâiller la bouche comme un four et tombant de sommeil, qu'il s'était enfui ? Mais que faire d'autre, sinon attendre ? Il n'y avait, pour l'heure, pas d'autre solution. Se risquer à la nage ? Allons ! Et les sentinelles ?... Patience, patience !...

La demie de deux heures à l'église de la Candelaria. Une voix isolée cria, lointaine et désolée, sans écho : — Alerte !

Bom-Crioulo appuya le crâne contre la grue, les paupières lourdes, le corps moulu, ivre de sommeil ; et, en dépit des « démangeaisons » qui commençaient à lui remonter le long des jambes comme une fourmilière, il s'endormit bientôt au clapotement de l'eau contre la jetée.

Quand il rouvrit les yeux un bon moment après, il faisait presque jour. Le branle-bas des chaloupes et des rameurs commençait du côté de la Douane. On entendait le bruit des avirons et le halètement d'une vedette laissant s'échapper de la vapeur. Les Orgues, encore indistincts dans la demie obscurité d'une aube blême, dressaient progressivement leur belle architecture d'harmonium géant. Une lumière, ici, là, pâlissait dans l'amphithéâtre de la ville. L'éclairage public s'était éteint. Dans le monastère de São Bento, sur le coup de trois heures, une cloche grêle s'était mise à sonner mâtines, obstinément, comme une petite église de campagne qui s'ébroue en proclamant le triomphe de la Chrétienté. A bord, sur les navires de guerre, les clairons attaquaient l'hymne du lever du jour. A Niteroï, de l'autre côté de la baie, un brume légère, translucide, semblable à l'évaporation au-dessus d'un grand lac, s'accrochait au pied des montagnes, dissimulant le paysage sur toute sa longueur. Et loin sur l'horizon, au-delà de la barre, derrière le *Pão de Açucar*, une large écharpe rose devenait peu à peu plus vive, plus éclatante, dans le ciel blême.

Le regard de Bom-Crioulo errait, incrédule et stupéfait, comme s'il ne reconnaissait pas les lieux, et la première exclamation qui lui vint aux lèvres fut une grossièreté « ...Putain de merde... ! Il était en train de se mettre dans un mauvais pas !... A l'ouvrage ! Heureusement il ne faisait pas encore tout à fait jour... »

Pas une barque, pas une embarcation sur le canal, à proximité. L'agitation se concentrait dans les parages de la douane, autour du quai des *Mineiros*. Des chaloupes, des baleinières, des bâtiments de guerre passaient et repassaient : Bom-Crioulo se cachait pour ne pas être vu. — Diable ! Diable ! Tout ça à cause d'une graine de matelot !

Soudain, il entendit du bruit sur l'eau — il s'approcha : c'était une barque qui faisait la navette.

— « C'est pas trop tôt ! Vindieu ! c'est pas trop tôt ! »

La petite embarcation s'en venait, débâchée, du côté de l'île, manœuvrée à la rame par un Portugais à moustaches entre deux âges. Sur le devant, à la proue, au-dessus de la ligne de flottaison, l'inscription *Luis de Camões* se détachait en haut d'une peinture à l'huile, une tête avec une barbe, le front ceint d'une couronne de lauriers, qui pouvait tout aussi bien représenter le grand poète épique que n'importe quelle autre personne. Le poète, sur ce gribouillis infâme, avait l'œil *gauche* évidé, ce qui n'avait tout compte fait aucun intérêt pour le Noir.

— Tu veux bien m'amener au quai ? demanda Bom-Crioulo au Portugais.

— Alors, grouille ! dit l'homme en accostant. Le *Luis de Camoes* ne dort pas.

— D'accord.

— Allez, vite, embarque !

— Hop-là !

Et Bom-Crioulo, d'un bond, embarqua. Il était, enfin, hors de danger : — « ... putain de sort ! »

L'instant d'après, « louvoyant » de son large pas désinvolte, avalant ruelles et coins de rue, il se perdait dans le labyrinthe de la ville.

C'était un journée splendide, splendide ! Une de ces journées de fête dans l'azur et sur les montagnes, une belle journée de liberté.

XII

Il n'y avait encore presque aucune animation dans la rue de la Miséricorde : des individus mal habillés, des portefaix et des journaliers, descendaient en direction des quais, avec un air gauche et misérable de brebis dociles allant leur train, fatal et nonchalant, en traînant la patte dans une quasi indifférence. La vache du laitier, avec ses grandes mamelles pesantes, le ventre ballonné et des sonnailles au cou, effectuait sagement sa tournée matinale. De la bave lui coulait du museau en longs filets d'écume. La petite charrette des boueux peinte en bleu, s'arrêtant ici, s'arrêtant là, exécutait sa besogne matinale.

Pas la moindre ouverture sur le paysage ne rompait la monotonie du pâté de maisons : rien, à part le roulement des premiers tramways et une voix par-ci par-là, le timbre haut. Il planait une forte odeur d'urine, agressive comme les exhalaisons d'une pissotière, qui asphyxiait, empoisonnait l'atmosphère. Les rayons du soleil levant frappaient les vitres de reflets obliques, réveillant les habitants, teintant la façade des maisons de balafres d'or, animant le granit des portails d'éclats de cristal, et blessant la vue comme les fulgurations d'un réverbère ; et l'on commençait déjà à sentir une morne chaleur, une tiédeur débilitante, un début de moiteur.

Des estaminets, des officines, des échoppes de bois et de

charbon, des éventaires de fruits et de légumes ouvraient sans hâte.

L'animation, cependant, s'amplifiait avec la lumière ; le nombre des passants augmentait dans un étonnant mélange de couleurs et de *toilettes* : d'étranges visages, certains fripés par le sommeil, surgissaient ici et là, comme des abeilles sortant d'une ruche.

La vie reprenait.

Bom-Crioulo, calculant son itinéraire, freina l'allure : il raccourcit le pas, la démarche de plus en plus lente à mesure qu'il se rapprochait de la pension. Déjà, il l'apercevait : la même que naguère, la même exactement, avec ses deux fenêtres sur la façade et son aspect désuet « du temps du roi », et tout là-haut, là-haut, comme suspendue, la lucarne, qui disparaissait presque, de guingois dans le toit.

Il sentit s'insinuer en lui un je ne sais quoi, un regret, une nostalgie, une douleur presque endormie, le rappel d'une très ancienne ingratitude. Oui, la douleur d'une ingratitude : c'était là qu'avec une confiance de jeune promis il s'était uni à Aleixo ; là, qu'il avait vécu le meilleur de sa vie ; là, qu'il avait appris, à « chérir », à aimer.

Baigné par les effluves de ses réminiscences, halé par le fil incassable de trop doux souvenirs, Bom-Crioulo alors, marquant le pas, murmura entre ses dents : « Cette petite pension ! cette petite pension !... »

Il se souvenait clairement, comme d'hier, du jour où le gamin et lui étaient descendus à terre et puis avaient gagné, serrés l'un contre l'autre, la petite chambre sous le toit, où peu de jours auparavant, le Portugais inconnu était mort de la fièvre jaune ! Oh, c'est qu'il avait tout en tête ; il se souvenait parfaitement : la première nuit, les façons ingénues d'Aleixo, la scène de la bougie... – tout était demeuré gravé dans son esprit !

Ses yeux se remplissaient de larmes, sa vue se brouillait, penser ne lui valait rien...

Bom-Crioulo se sentait plus que jamais abandonné, plus que jamais blessé par le mépris du mousse, ce mépris calculé, délibéré, que savait utiliser Aleixo pour l'écraser, pour le bafouer impunément. « – Ah, c'était comme ça, hein ? Hé bien, il allait sans tarder le lui payer, et comment ! Les gens c'est comme un verre d'eau : il se laisse remplir, il se laisse remplir, jusqu'à la goutte de trop ! »

Ses rétines le brûlaient comme de la braise, comme deux torches sous l'écran brouillé des larmes ; il tremblait, il vibrait de la tête aux pieds comme un épileptique, furieux, désemparé... Il avait de la peine à se contenir devant cette maison qui était comme le tombeau de ses illusions. Il écumait de haine, de jalousie, transfiguré et fou de rage. Le monde extérieur, les choses autour de lui, les passants qui se rendaient au travail, tout ce qu'en ce moment d'amertume distinguaient ses yeux, et le soleil lui-même, la lumière torrentielle de ce début de journée, le plongeaient dans une immense détresse, lui arrachaient, de sa bouche ouverte sur un sourire malade et convulsé, des bordées de blasphèmes. Il ne trouvait pas le courage de garder les yeux fixés sur la pension : aussitôt, il les détournait, transi : – « Oui, c'était là, c'était bien là ! »

Un bruit sourd commença brusquement à bourdonner dans ses oreilles, comme une rumeur d'insectes, irritante, insupportable ; ses jambes tremblaient ; la respiration lui manquait. C'était un malaise, une tension ; pis, du délire : comme un désir de meurtre, un besoin de voir le sang... Il se passa une main sur les yeux, il trébuchait, dut s'appuyer contre un bec de gaz ; il pouvait à peine se tenir debout, l'hôpital, « ce maudit hôpital », l'avait affreusement affaibli, fragilisé. – « Jamais, plus jamais, il n'y remettrait les pieds ! »

La porte de la pension était fermée ; une des persiennes battait entrouverte à l'étage, comme si plus personne n'habitait là : l'immobilité était entière, désolante. Sépulcrale.

Bom-Crioulo tourna les talons anéanti, et toute notion

de l'endroit où il se trouvait oubliée, il continua, lentement, très lentement, le regard perdu au loin, de remonter la rue.

Brusquement : – « Ah ! la boulangerie ! » Dire qu'il l'avait oubliée ! elle aussi était la même, exactement la même, avec son enseigne – *Boulangerie portugaise* – en lettres d'imprimerie sur la façade, et ses trois portes, au rez-de-chaussée de la maison bourgeoise, en face, pratiquement, de la Portugaise. Une bonne odeur de pâte arrivait de l'arrière-boutique, une chaude odeur, appétissante, de pain juste sorti du four.

Il pénétra dans l'établissement et, sans prendre le temps de réfléchir, s'adressant à l'employé, un gaillard déluré, né à coup sûr, à voir ses façons, de l'autre côté de l'océan :

– Est-ce que tu peux me dire si dans la maison, en face, habite toujours une Portugaise ?

– Dona Carolina ?

– Elle-même : une belle femme, imposante...

– Sûr, elle est toujours là ! dit l'autre avec une petite lueur de malice dans le regard.

– Et un petit jeune homme, un marin, aux yeux bleus... ?

– Egalement. Ils se lèvent tard. La porte, ces temps derniers, est tout le temps fermée. Ils ont l'habitude de sortir ensemble le soir...

– De sortir ensemble ?

– Souvent ! Le petit, pour ce que je vois, m'a l'air bien dégourdi...

Bom-Crioulo frissonna. A présent, oui, il allait tout apprendre de la bouche du vendeur : l'occasion était propice, d'autant que le patron de la boulangerie était absent.

– Vous êtes sûr, vous ne faites pas erreur ? reprit-il précipitamment, sa curiosité décuplée, d'une voix qui s'excusait presque, les yeux vrillés sur le visage du garçon.

Et il se mit à décrire, à expliquer, comment était la Portugaise, comment était le marin. — Une grosse femme, encore belle, très voyante, avec de grands yeux, et qui louait des chambres...

— C'est bien elle, homme.

Et l'autre, les yeux bleus, le teint très clair, sans barbe, bien tourné, presqu'un enfant...

— Exactement, opina l'employé. Ils sont allés au théâtre hier soir, voir *La Prise de la Bastille.* Je la connais bien, Dona Carolina. Il y en a même qui disent qu'elle s'est mise avec le petit...

Presque les mêmes termes que ceux employés par Herculano ! La même histoire de concubinage avec une femme ! Bom-Crioulo demeura coi, sans un mot, perdu dans ses pensées. Aleixo avec la Portugaise, avec Dona Carolina ! Ce n'était pas pensable ! Le culot ! et quel manque de respect, de pudeur, quel scandale !

— Ça vous étonne ? demanda le garçon en dévisageant avec plus d'attention le Noir dont le regard s'était soudain marqué d'une surprenante, douloureuse, inqualifiable expression de stupeur et de mélancolie. Non, il ne faut pas, c'est ce que tout le monde dit...

Et s'interrompant, avec un geste du bras :

— Tiens, le voilà justement qui sort, le petit ; quand on parle du loup...

Aleixo débouchait tranquillement sur le seuil de la pension, sanglé dans son uniforme de matelot blanc et bleu, le pantalon ajusté et le col de chemise ouvert.

Le Noir eut une de ces réactions effrayantes, comme il lui en arrivait parfois : il modula dans sa gorge un « oh ! » rauque, étouffé, contenu, et, leste, éperdu de colère, sans se laisser le temps de rien, il se précipita dans la rue comme une flèche. Il ne voyait rien, ne distinguait rien, affolé, halluciné, comme si brusquement la lumière s'était évanouie et qu'il avait perdu la raison. Il se précipita, et, bousculant le mousse, l'agrippa d'une feinte par le bras.

Il tremblait, ivre de désespoir, les yeux congestionnés, son front noir et luisant perlé de gouttes de sueur froide.

Le petit s'arrêta net, interdit :

— Oui, c'est moi, rugit Bom-Crioulo, c'est bien moi ! Tu croyais peut-être que tu pouvais comme ça te mettre avec la Portugaise, hein ? et bonsoir ! Regarde-moi un peu, regarde comme je suis maigre, comme je suis rendu... Regarde, regarde !

Et il saisissait l'autre brutalement, le secouait comme s'il voulait le jeter à terre.

— Vois un peu si tu me connais ! allez, regarde-moi bien !

L'adolescent se débattait, pâle, terrifié :

— Lâche-moi ! Ne me provoque pas, sinon je crie !

— Vas-y, crie, si tu es capable ! Crie, voyou, ingrat, sans vergogne !

Sa voix prenait des accents à la fois terribles et voluptueux, les mots lui sortaient de la gorge dans un bégaiement, chevrotants, hâchés...

— Vas-y, crie !

L'autre changea de couleur, il recula en trébuchant, la langue paralysée et pleurant presque dans sa détresse coupable. Son regard bleu subjugué réfléchissait l'image du Noir.

— Lâche-moi, répéta-t-il. Je t'en prie, lâche-moi !

Des passants les regardaient sans trop en avoir l'air, ils se retournaient pour les voir dans cette attitude étrange, accrochés l'un à l'autre, leurs deux visages se touchant presque. Comme Bom-Crioulo parlait entre ses dents on ne pouvait l'entendre, et il n'y avait pas de scandale, ni matière à donner l'alarme : sa voix était un rugissement caverneux et hystérique, un rauquement rentré et étouffé.

— Crie, allez ! appelle cette salope de Dona Carolina !

— Laisse-moi, continuait le mousse tremblant, épouvanté. Lâche-moi !

— Je ne te lâche pas, non ! sale petite frappe, je ne te

lâche pas ! Bom-Crioulo, celui qu'est là devant toi, n'est pas ce que tu crois...

— Mais je n'ai rien fait ! Laisse-moi, qu'il est tard !

Les yeux du Noir avaient une expression amère et féroce, et ils roulaient par instants, très injectés, pris d'un strabisme nerveux.

En face, un passant s'arrêta pour les regarder ; et d'autres personnes arrivèrent, d'autres curieux, un matelot de la Capitainerie, un Italien chargé de plaques de tôle, puis des enfants, des femmes, un garde-municipal.

Très vite, ce fut le branle-bas, un tohu-bohu. Un vacarme de coups de sifflets, de voix qui criaient — et la foule grossit au milieu de la rue, chacun se précipitant et bousculant, jouant des coudes, pour se faire une place ; un grand cercle se forma autour des deux marins, maintenant invisibles.

Les trams s'arrêtaient. Des dames apparaissaient aux fenêtres, encore en train d'arranger leur coiffure, friandes de nouveauté. Des chiens aboyaient. Une effervescence sonore, un tintamarre. Déjà des bruits circulaient, de vagues rumeurs épouvantables. Des histoires inventées, tronquées, d'assassinat, de crâne enfoncé, de sang. Chaque physionomie, chaque regard, questionnait, interrogeait. Marins, soldats, des policiers accouraient. Des portes claquaient avec fracas.

Quelque chose d'extraordinaire dut s'être produit brusquement, car la foule s'écarta, ouvrant le passage dans une bousculade.

— Laissez passer ! Laissez passer ! disaient des soldats, brandissant leur fusil.

En haut, dans les maisons, des mains montraient la rue en bas.

Et Dona Carolina, accourue elle aussi à sa fenêtre, attirée par la rumeur, le vacarme des voix, découvrit, que l'on transportait entre deux rangées de curieux, le mousse dégoulinant de sang.

— Jésus ! Mon Dieu !

Un nuage enténébra sa vue, un froid de glace lui parcourut le corps ; elle tremblait, horrifiée, de tous ses membres, les joues vides de sang.

Tous les regards se portaient maintenant sur la pension.

Aleixo passait, emporté, le corps flasque, comme un fardeau, dans les bras de deux matelots : sa tête ballotait en arrière, violette, les yeux fixes, la bouche entrouverte. Le bleu foncé de la chemise et son pantalon blanc étaient maculés de grandes taches vermeilles. Le cou était enveloppé dans des tampons de linge. Ses bras pendaient, inertes, lâches, sans vie, dans un abandon de membres brisés.

La rue se remplissait de gens, agglutinés aux fenêtres et aux portes, entassés sur les trottoirs. Une curiosité se lisait, évidente, fébrile, dans les regards, le désir impérieux de *voir*, une hantise, une attirance irrésistible.

Personne ne faisait attention à « l'autre », au Noir, qui descendait la rue, triste et ravagé, entre des baïonnettes, dans la chaude lumière du matin ; tous, au contraire, tous, ce qu'ils voulaient voir, c'était le *cadavre*, prendre la mesure de la blessure, « mettre le nez dans la plaie »...

Mais une voiture démarra, lugubre, entièrement fermée, et la vague de curieux se dissipa progressivement, jusqu'à ce que eût repris l'habituelle monotonie, l'éternel va-et-vient.

Postface

Le Brésil vient de libérer l'ensemble de ses esclaves noirs et de remercier son Empereur, Pierre II de Bragance, quand en 1895, dans la toute nouvelle République, Adolfo Caminha publie son roman Bom-Crioulo.

Son héros est un Noir. Pour la société brésilienne de son temps le seul Noir acceptable est celui qui connaît sa place, humble toujours. Le personnage d'Adolfo Caminha non seulement ignore la soumission, mais il est aussi un homme beau, fort, intelligent. Il est également homosexuel de façon évidente et simple. Mais une fois affirmés ces choix scandaleux pour son temps, l'auteur prend en charge l'opinion commune comme pour se faire pardonner. Il critique ce qui échappe aux règles sexuelles admises et épouse les poncifs du racisme scientifique de son époque. On verra quelle peut en être la raison.

Le lecteur découvre également que les Portugais sont souvent persiflés. Après l'indépendance du Brésil (1822), ceux-ci gardèrent un statut avantageux qui facilitait l'arrivée de nouveaux immigrants de leur pays. Ce statut était mal vu des Brésiliens, souvent descendants de premiers colonisateurs portugais.

Adolfo Caminha n'est pas tendre pour la Marine. Il observe d'un regard sévère les officiers, souligne la gravité des châtiments corporels pratiqués. Il sait de quoi il parle puisque à l'âge de 13 ans il est envoyé de son Etat natal, le Ceará, à l'Ecole navale de Rio de Janeiro. Il en sort officier et retourne chez lui. Il n'y reste pas longtemps. A cause d'une liaison avec une femme mariée de la bonne société il doit quitter la Marine et le Ceará. Il n'a pas encore trente ans quand il meurt, tuberculeux, en 1897.

La critique brésilienne souligne l'importance des choix d'Adolfo Caminha quand il parle d'un pauvre, d'un Noir, d'une passion homosexuelle, mais elle rappelle qu'il n'ose pas aller jusqu'au terme de son projet. Cela ne concerne par le seul Adolfo Caminha. Selon Roberto Shwarz, le Brésil souffre d'un décalage entre la réalité vécue et les idées ou les théories prenant naissance ailleurs dans le monde et circulant parmi les intellectuels, les écrivains, les artistes. Déviées de leur route une fois appliquées localement, elles obligent les uns et les autres à bricoler des solutions. Ainsi Adolfo Caminha n'a-t-il pu que juxtaposer la modernité de son projet et l'archaïsme d'un discours qui est l'image réfléchie de la société brésilienne de son temps. La solution adoptée est une des issues qui s'offraient alors aux écrivains. Elle n'était pas la seule. Mais elle permet de saisir les enjeux du temps.

Clélia Piza

Nous remercions Jorge Coli et Blanchard Girão de leurs suggestions.

Suite brésilienne

Des nouvelles du Brésil (n° 12)

Cardoso, Lúcio
Chronique de la maison assassinée (n° 103)

da Cunha, Euclides
Hautes terres (n° 7)

Gabeira, Fernando
Les Guérilleros sont fatigués (n° 9)

Machado de Assis, J.-M.
Le philosophe ou le chien (n° 4)
La Montre en or (n° 10)
Mémoires posthumes de Brás Cubas (n° 33)
Dom Casmurro et les yeux de ressac (n° 51)
La Théorie du médaillon et autres contes (n° 52)
L'Aliéniste (n° 101)
Esaü et Jacob (n° 104)
Ce que les hommes appellent Amour (n° 130)

Souza, Marcio
L'Empereur d'Amazonie (n° 13)
Mad Maria (n° 50)

Torres, Antônio
Cette terre (n° 64)

Trevisan, Dalton
Le Vampire de Curitiba (n° 11)

Vianna, Vinicius
La Dernière Ligne (n° 26)

Achevé d'imprimer sur les presses de

BUSSIÈRE

GROUPE CPI

à Saint-Amand-Montrond (Cher)
en février 2007

N° d'édition : 24131001. N° d'impression : 070566/1.
Dépôt légal : mars 2007.

Imprimé en France